나의 첫 세계사 여행
유럽·아메리카

전국역사교사모임 지음 | 송진욱 그림

초대하는 글

너의 첫 세계사 여행을 위한 좋은 길잡이

안녕! 얘들아, 어서 와. 세계사는 처음이지? 다들 알겠지만 역사는 '과거'로 떠나는 여행이야. 먼 과거는 지금하고는 사뭇 다른 낯선 곳이지. 낯설고 새로운 곳을 찾아가는 건 언제나 가슴 설레고 재미있지만, 또 두렵고 어려운 일이기도 해.

한국사는 우리나라 안에서 이야기가 전개되지만, 세계사는 드넓은 세계를 배경으로 하기 때문에 더욱 어렵게 느껴져. 사람들은 저마다 살고 있는 곳의 지형이나 기후, 문화에 많은 영향을 받으며 살아가기 때문에 그들이 사는 공간을 아는 건 매우 중요해. 문제는, 세상은 너무 넓고 사람들도 너무 많다는 거야.

세계사를 공부하려면 시간이라는 세로축과 공간이라는 가로축 안에 사람과 사건을 자리매김할 수 있어야 해. 솔직히 시간의 흐름을 따라가기도 벅찬데, 그 일이 있었던 공간까지 염두에 두어야 하니 머리가 아플 수밖에. 제대로 된 지도와 나침반이 없다면 수많은 사건과 지명 속에서 금방 길을 잃어버리기 십상이지.

그래서 '초등학생들에게 세계사는 무리'라고 생각하는 사람들도 있어. 학교 공부에서도 세계사는 중학교에 가서야 배우지. 하지만 꼭 그럴까? 자기 나라 역사보다 세계사를 먼저 배우는 나라도 있대. 유럽 국가 대부분은 초등학교에서 처음 역사를 배울 때, 자기 나라 역사가 아닌 '이집트 문명'부터 시작한다고 해.

역사를 배우는 목적은 다양한 사람들의 삶의 경험을 통해 보다 나은 삶을 생각해 보는 거야. 그렇다면 우리 조상들의 경험뿐만 아니라 더 넓은 세계, 더 다양한 사람들의 경험을 일찍부터 살펴보는 게 의미 있지 않을까? 그만큼 시야가 넓어질 테니까 말이야. '세계화' 시대이기도 하잖아.

물론 그러기 위해서는 친절하고 능력 있는 길잡이가 필요하겠지. 서점에 가 보면 어린이를 위한 세계사 책이 꽤 많이 나와 있어. 좋은 책도 있지만, 어린이들이 읽기에 버거운 책이 많은 것도 사실이야. 흥미 위주로 너무 가볍게만 세계사를 소개한 책들도 있지. 이런 책으로 세계사를 접하다가 자칫 길을 잃고, 세계사에 대한 흥미까지 잃어버릴까 봐 걱정이 되기도 해.

이 책은 처음 세계사를 여행하려는 어린이들을 위해 새롭게 쓴 책이란다. 친절하고 능력 있는 길잡이, 훌륭한 지도와 나침반이 되기 위해서 말이야. 전국 2000여 명의 선생님들이 머리를 맞대고 함께 공부하는 '전국역사교사모임'에서 이 책을 펴내기로 했고, 초등학교 선생님 두 분과 중학교 선생님 두 분이 함께 글을 썼지.

중학교 선생님 두 분은 오랫동안 세계사를 가르쳐 왔기 때문에 너희가 나중에 중학교에 가서 어떤 내용을 배우게 될지 잘 알고 계셔. 초등학교 선생님 두 분은 오랫동안 초등학생을 가르치며 함께 생활해 왔기 때문에 너희의 눈높이를 잘 알고 계시지. 그래서 초등학교 5~6학년의 눈높이에 맞춰 중학교에서 배울 세계사 내용에 대비할 수 있는 책을 썼단다. 중학교 '역사' 과목에서 만날 세계사 내용을 쉽고 재미있게, 보다 풍부하게 미리 배울 수 있도록 말이야.

하지만 오랜 경험을 가진 선생님들도 새로운 어린이 세계사 책을 쓰는 게 쉽지만은 않았어. 오랜 시간 고민하고 토론한 끝에, '어린이를 위한' 세계사라면 세계 전체를 한꺼번에 다루면서 지역을 넘나드는 일반적인 책들과는 달라야 한다고 생각했지. 공간에 대한 이해가 부족한 상황에서 아이들이 세계를 이리저리 넘나들기는 무리라고 판단했기 때문이야.

그래서 지역을 나누어 네 권으로 구성하기로 했어. 유럽과 아메리카 지역을 한 권에 묶고, 우리와 가까운 중국과 일본은 따로, 인도와 동남아시아 지역도 따로 묶어 한 권, 그리고 중앙아시아와 서아시아, 아프리카 지역을 아울러서 한 권으로 쓰게 되었지. 물론 이렇게 하면 '세계사'가 아니라 '지역사'가 되겠지만, 일단 권마다의 지역 역사를 재미있게 읽어 나가다 보면, 네 권을 다 읽었을 때 자연스럽게 '세계사'로 모아질 수 있을 거야.

이렇게 책을 나누어도 해당 지역, 공간에 대한 이해가 쉽지 않을 것 같아서 '출발! 세계 속으로'라는 꼭지를 따로 두었어. 시대마다 중요한 도시나 지역을 정하고, 지금 그곳의 역사 흔적을 여행한다면 어떤 모습일지 꾸며 본 거야. 세계사는 과거로 떠나는 여행이기도 하지만, 세계로 떠나는 여행이기도 하니까 말이야. 나중에 이 책을 들고 해당 도시나 지역을 직접 찾아가 볼 수 있으면 더 좋겠지.

역사는 다양한 과거 사람들의 이야기를 담고 있지만, 주로 왕이나 높은 계급, 특별한 사람들의 이야기가 많아. 그들은 모두 어른들이지. 하지만 과거에도 어린이들이 있었고, 그 어린이들도 매일매일을 열심히 살았을 거야. 지금

너희처럼 말이야. 그래서 과거에 살았던 어린이 친구들의 이야기를 담은 '어린이들의 세계사' 꼭지도 특별히 만들었어. 쉽지는 않았단다. 역사 이야기는 대부분 어른들이 쓴 어른들 이야기거든. 그 속에 숨겨진 세계 어린이들의 이야기를 발굴해 우리 친구들에게 소개할 수 있다는 건 꽤 자랑할 만한 일이라고 생각해.

복잡하고 어려운 설명은 최대한 줄였기 때문에 초등 고학년이면 누구나 이 책을 술술 재미있게 읽어 나갈 수 있을 거야. 글을 최대한 쉽고 짧게 쓰려고 노력했거든. 펼친 페이지 한 쪽마다 주제 하나씩을 실어 한눈에 보이도록 구성하고, 재미있는 그림과 신기하고 멋진 사진도 많이 실으려고 노력했어. 물론 내용도 알차단다. 이 책만으로 세계사의 핵심 내용을 충분히 얻을 수 있도록 애를 썼으니까. 본문에서 미처 다 다루지 못한 흥미로운 내용은 '한 걸음 더!'라는 꼭지에 덧붙여 두었으니 빠뜨리지 말고 읽어 보렴.

처음 어린이를 위한 세계사 책을 내기로 한 지 꼬박 5년이 지났네. 그만큼 많이 고민하고 오랫동안 여러 번 고쳐 쓴 만큼, 너희에게 재미있고 유익한 책이 되었으면 하는 바람이 간절해. 부디 이 책이 낯설고 어렵지만 설레고 재미있는 첫 세계사 여행에 훌륭한 길잡이가 되었으면 해.

자, 그럼 이제 우리 첫 세계사 여행을 떠나 볼까?

2018년 1월
전국역사교사모임
이강무 · 이성호 · 황은희 · 김성전

차례

초대하는 글　4

1 유럽 문명의 뿌리 그리스

그리스인, 폴리스 세계를 만들다　14
폴리스, 페르시아의 침략을 막아 내다　16
아테네, 민주 정치로 이름을 날리다　18
폴리스, 마케도니아에게 무너지다　20

출발! 세계 속으로　아테네에서 그리스 신들을 만나다　22
어린이들의 세계사　스파르타 아이들, 전사로 키워지다　24
한 걸음 더!　그리스의 철학자들　26

2 위대한 유산 로마

로마, 지중해를 품에 안다　30
로마, 오늘날의 정치 제도와 법의 뿌리를 만들다　32
로마, 현실에 도움이 되는 문화를 꽃피우다　34
로마, 크리스트교를 세계 종교로 만들다　36

출발! 세계 속으로　로마 제국의 심장, 로마를 만나다　38
한 걸음 더!　로마, 세계사에 큰 영향을 주다　40

3 이민족 이동과 유럽 탄생

게르만족, 서로마 제국을 무너뜨리다　44
프랑크 왕국, 서유럽의 중심으로 우뚝 서다　46
노르만족, 남쪽으로 생활 터전을 넓히다　48
비잔티움 제국, 그리스·로마 문화를 이어 가다　50

출발! 세계 속으로　이스탄불에서 비잔티움 제국을 만나다　52
한 걸음 더!　교황, 로마 가톨릭교회를 이끌다　54

4 크리스트교 세상

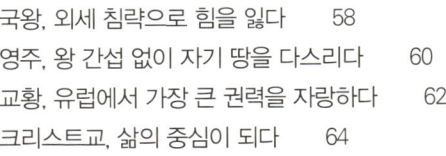

국왕, 외세 침략으로 힘을 잃다　58
영주, 왕 간섭 없이 자기 땅을 다스리다　60
교황, 유럽에서 가장 큰 권력을 자랑하다　62
크리스트교, 삶의 중심이 되다　64

출발! 세계 속으로　영국 워릭에서 옛날 성을 체험하다　66
한 걸음 더!　기사, 서양의 중심 세력이 되다　68

5 왕권의 회복

십자군 원정 실패로 교황권이 약해지다 72
상업과 도시가 활기를 되찾다 74
농노, 장원의 뿌리를 뒤흔들다 76
국왕, 다시 세상의 중심이 되다 78

출발! 세계 속으로 프랑스 아비뇽에서 또 다른 교황을 만나다 80
한 걸음 더! 잔 다르크, 프랑스를 구하다 82

6 예술과 과학 르네상스

들어는 봤니? 르네상스! 86
이탈리아에서 르네상스가 일어나다 88
르네상스, 유럽 곳곳으로 퍼져 나가다 90
과학 발전, 르네상스에 힘을 더하다 92

출발! 세계 속으로 꽃의 도시 이탈리아 피렌체를 가다 94
한 걸음 더! 이탈리아 르네상스 미술의 대표자 3인을 만나다 96

7 종교 개혁

독일의 루터, 로마 가톨릭교회에 맞서다 100
칼뱅, 스위스에 민주적인 교회를 만들다 102
영국의 왕, 영국 국교회를 만들다 104
종교 선택의 자유를 얻다 106

출발! 세계 속으로 스위스 제네바, 종교 개혁의 현장을 가다 108
한 걸음 더! 신교와 구교는 무엇이 다른가? 110

8 신항로 발견

유럽, 새 바닷길을 찾아 나서다 114
새로운 바닷길을 연 사람들 116
아메리카 원주민, 유럽인과 맞서 싸우다 118
신항로 개척의 빛과 그림자 120

출발! 세계 속으로 황금의 나라, 잉카 제국을 만나다 122
한 걸음 더! 마젤란, 최초의 세계 일주를 이끌다 124

9 부강함을 좇는 유럽

프랑스 루이 14세, 서유럽의 강력한 왕을 대표하다 128
러시아 표트르 대제, 서유럽의 뒤를 따르다 130
예술과 학문이 발달하다 132
계몽사상이 유행하다 134

출발! 세계 속으로 절대 군주의 베르사유 궁전을 가다 136
한 걸음 더! 영국, 의회 정치를 발달시키다 138

10 영국 산업 혁명

자본가와 노동자가 성장하다 142
공장의 기계가 상품을 만들어 내다 144
교통과 통신이 발달하다 146
산업 혁명의 빛과 그림자 148

출발! 세계 속으로 영국의 수도, 런던을 가다 150
어린이들의 세계사 어린이 노동자의 힘겨운 삶을 만나다 152

11 미국 탄생과 성장

북아메리카에 영국 식민지가 만들어지다 156
북아메리카 영국 식민지가 독립해 미국을 만들다 158
미국, 큰 땅을 자랑하는 나라가 되다 160
미국, 세계 최대의 공업국이 되다 162

출발! 세계 속으로 세계 최고 도시, 뉴욕을 가다 164
한 걸음 더! 미국 연방 공화국이 탄생하다 166

12 자유와 평등 프랑스 혁명

파리에서 혁명이 일어나다 170
혁명이 지방으로 퍼지다 172
혁명이 위기에 빠지다 174
혁명, 실패로 끝나다 176

출발! 세계 속으로 역사와 전통의 도시, 파리를 가다 178
한 걸음 더! 자유주의와 민족주의가 퍼지다 180

13 라틴 아메리카의 독립과 시련

라틴 아메리카 에스파냐인, 에스파냐 왕에게 불만을 품다　184
흑인 노예들, 아이티 공화국을 세우다　186
볼리바르와 산마르틴, 여러 나라의 독립을 이끌다　188
라틴 아메리카, 어려움이 이어지다　190

출발! 세계 속으로 원주민과 유럽 문화가 뒤섞인 멕시코시티를 가다　192
한 걸음 더! 아픈 역사를 가진 브라질을 만나다　194

14 1차 세계 대전과 러시아 혁명

1차 세계 대전을 치르다　198
평화를 다지기 위해 노력하다　200
러시아에서 사회주의 혁명이 일어나다　202
소비에트 사회주의 공화국 연방이 탄생하다　204

출발! 세계 속으로 혁명의 도시, 상트페테르부르크를 가다　206
한 걸음 더! 레닌, 러시아 혁명을 이끌다　208

15 2차 세계 대전과 새로운 국제 질서

자본주의 경제에 위기가 찾아오다　212
경제 위기로 전체주의가 등장하다　214
2차 세계 대전이 터지다　216
미국과 소련, 최강국이 되고자 경쟁하다　218
세계 여러 나라, 미국과 소련에 맞서다　220

출발! 세계 속으로 혁명의 나라, 쿠바를 가다　222
한 걸음 더! 2차 세계 대전은 민간인 학살 전쟁이었다　224

16 지금 우리가 사는 세상

자본주의와 사회주의, 산업화 경쟁을 하다　228
독일이 통일되고, 소련이 무너지다　230
자유 무역 바람이 거세지고, 지역 경제 협력체가 만들어지다　232
과학과 컴퓨터의 발달이 새로운 세상을 만들다　234

한 걸음 더! 유럽 연합, 민족 국가를 넘어선 새로운 희망을 열다　236
출발! 세계 속으로 독일의 베를린에서 통일 현장을 돌아보다　238
한 걸음 더! 우리는 이런 세상을 꿈꾼다　240

연표　242
찾아보기　248

4년마다 세계인이 함께하는 올림픽이 열리는 거 알지? 올림픽 내내 타오르는 횃불은 그리스에서 붙여 온 거야. 올림픽이 그리스 사람들의 올림피아 제전에서 비롯되었기 때문이지. 당시 올림피아 제전 우승자는 영웅 대접을 받았어. 시인과 조각가들이 우승자의 활약상을 담은 시를 짓고, 조각 작품을 만들었지. 그래서 사람들은 그리스를 '유럽 문명의 뿌리'라고 해. 그럼, 지금부터 옛 그리스 세계로 들어가 볼까?

기원전 850년경
폴리스 형성

기원전 776년
올림피아 제전 시작

기원전 500년경
아테네, 도편 추방제 실시

기원전 492년
그리스·페르시아 전쟁 시작
(~기원전 479년)

1

유럽 문명의 뿌리 그리스

기원전 431년
펠로폰네소스 전쟁 시작
(~기원전 404년)

기원전 330년
알렉산드로스, 페르시아 정복

기원전 338년
마케도니아, 그리스 정복

그리스인, 폴리스 세계를 만들다

'지중해'라고 들어 봤니? '땅 가운데 바다'라는 뜻인데, 유럽, 아프리카, 소아시아(아시아의 서쪽 끝, 지금의 터키 지역) 사이에 있어. 지중해 동북쪽 그리스반도 옆에 에게해가 있는데, 이곳에 6000개가 넘는 섬이 흩어져 있어. 하늘에서 보면, 그리스반도와 섬들이 에게해를 빙 둘러싸고 있지.

그리스반도는 바닷가 작은 평야를 빼면, 온통 크고 작은 산이야. 여름에 덥고 비가 적게 내려 올리브, 포도 등을 키웠지만, 주식인 밀은 주변 나라에서 들여와야 했지. 자연환경은 정치에도 영향을 주었어. 산이 많아 큰 나라를 만들지 못하고, 언덕이나 골짜기에 작은 '도시 국가'를 세웠거든. 이를 '폴리스'라고 해.

아테네 모습 적의 침입을 막기 위해 대부분 높은 언덕에 폴리스를 세웠단다. 폴리스 사람들은 여러 신을 믿었는데, 오른쪽 뒤쪽에 보이는 곳이 아테나 여신을 모신 파르테논 신전이야. '아테네'라는 이름 역시 이 여신에게서 따온 거란다.

고대 그리스 폴리스 세계 기원전 9세기경 그리스인들은 지중해 곳곳에 수많은 폴리스를 만들었어. 작은 도시 국가였던 폴리스의 인구는 대부분 수만 명 정도였지. 폴리스들은 공동체 의식을 바탕으로 활발하게 교류했지만, 정치적으로는 완벽한 독립 국가였어.

폴리스 인구가 늘어나자, 그리스반도 사람들은 더 넓은 땅이 필요했어.

"배를 타고 나가서 생활 터전을 넓혀야 해."

이들은 지중해 섬은 물론, 에게해 건너편에도 폴리스를 건설했단다. 시간이 흐르면서 폴리스는 1000여 개에 이르렀어. 그리스반도와 지중해, 그리고 에게해 건너편 소아시아에 폴리스 세계가 만들어진 거야.

각각 독립 국가였던 폴리스는 서로 경쟁하고 싸웠지만, 공동체 의식이 있었어. 자신들을 '헬렌(불의 신 프로메테우스의 손자)의 후손'이라는 뜻에서 '헬레네스'라고 불렀거든. 같은 신을 섬겼으니, 제사도 함께 지냈지.

폴리스, 페르시아의 침략을 막아 내다

기원전 490년, 폴리스에 위기가 찾아왔어. 오늘날 이란 지역에서 힘을 키운 '페르시아'가 쳐들어온 거야. 폴리스들은 공동체 의식을 발휘해 함께 맞섰는데, 이들을 이끈 건 아테네였어.

"형제들이여! 힘을 모으자. 동맹국들은 많은 병사와 돈을 보내라."

싸움터는 마라톤 들판. 페르시아군이 수십 배 많았으나, 승자는 폴리스였어. 정면 충돌을 피하고, 적을 끌어들여 갑자기 공격하는 작전이 통했거든. 무엇보다 페르시아 병사들은 황제를 위해 싸웠지만, 폴리스 시민들은 가족을 지키려는 마음이 강했어. 한 병사가 아테네까지 쉬지 않고 달려가 승리 소식을 전했지. 마라톤 경기가 여기서 비롯되었다고 전해지기도 해.

페르시아 병사(왼쪽)와 싸우는 폴리스 병사(오른쪽)

10년 뒤 페르시아가 다시 쳐들어왔어. 병사는 무려 200만 명. 폴리스 사람들은 상상해 본 적도 없는 숫자였지.

"이번에는 어림없다. 항복하면 목숨은 살려 주겠노라!"

"싫다."

간결한 대답으로 강한 의지를 드러냈으나, 고갯길을 막아섰던 폴리스 병사 300명은 순식간에 쓰러졌어.

폴리스 사람들이 피할 곳은 바다뿐이었어. 폴리스 장수 한 명이 페르시아 황제에게 거짓 항복을 하고, 살라미스의 좁고 긴 바다로 배를 끌어들였지. 페르시아 황제는 의심 없이 배를 몰아갔다가 거센 파도 속에서 폴리스 해군의 공격을 받아 대부분의 배를 잃었어. 이를 '살라미스 해전'이라고 한단다.

아테네, 민주 정치로 이름을 날리다

페리클레스 군인이자 정치가이며 웅변가로, 아테네의 황금시대를 열었던 사람이란다. 흔히 '아테네 제1의 시민'으로 불리지.

전쟁이 끝난 후 등장한 아테네의 지도자는 '페리클레스'였어. 그는 페르시아군이 불태운 아테네를 그리스반도에서 가장 아름답고 화려한 도시로 만들었지. 또다른 자랑거리는 시민 중심의 '민주 정치'를 활짝 꽃피운 거야. 귀족들이 반대하지 않았냐고? 시민이 전쟁에서 큰 역할을 했으니, 귀족들도 양보할 수밖에 없었어.

아테네에서는 시민 모두가 광장에 모여 회의를 했어. 이를 '민회'라고 하는데, 말 그대로 '시민들의 의회'야.

물시계 아테네의 시민 법정에서 시민의 발언 시간을 재는 데 사용되었지.

도편 아테네의 민주 정치를 상징하는 대표적인 제도가 도편 추방제야. 독재를 할 가능성이 있는 사람을 도자기 파편에 적어 냈는데, 6000표 이상을 받은 자는 10년 동안 아테네를 떠나야 했어.

"시민들께서는 독재자가 될 가능성이 있는 사람의 이름을 도자기 조각에 써서 내 주세요. 이어 장관님들을 추첨으로 뽑겠습니다."

관리를 추첨으로 뽑는 게 이상해 보이겠지만, 아테네 시민들은 이 방법이 가장 공평하다고 생각했어.

의회에 참가한 사람이 남자들뿐이네. 여자들에게는 시민의 권리를 주지 않았기 때문이야. 외국인과 노예 역시 정치에 참여할 수 없었어.

폴리스, 마케도니아에게 무너지다

페르시아를 물리친 아테네는 욕심을 부렸어. 동맹국들이 모은 돈을 자기 돈인 양 마음대로 썼고, 다른 폴리스들을 식민지처럼 대한 거야.

"아테네 횡포를 막을 수 있는 건 강력한 군사 국가인 스파르타뿐이야."

아테네에 불만을 품은 폴리스들이 스파르타에게 다가갔어. 폴리스들이 두 편으로 갈라져 싸우는 '펠로폰네소스 전쟁'이 일어났지. 스파르타가 승리를 이끌었으나, 상처뿐인 영광이었어. 전쟁이 27년이나 이어져 스파르타 역시 눈에 띄게 약해졌거든.

알렉산드로스 제국
- 초기 영역
- 최대 영역
- → 알렉산드로스 원정로

이수스 전투 알렉산드로스와 페르시아의 국왕 다리우스 3세의 전투를 묘사한 모자이크화야. 왼쪽에 투구도 쓰지 않은 채 말을 타고 있는 인물이 알렉산드로스란다.

행운아는 북쪽의 '마케도니아'였어. 힘이 빠진 그리스반도의 폴리스들을 쉽게 차지했거든. 알렉산드로스는 긴 창 부대를 앞세워 드넓은 영토를 차지한 인물로 유명해. 그는 아프리카 북부의 이집트와 이란 지역의 페르시아를 손에 넣고, 동쪽으로 병사를 몰아 인도까지 나아갔지.

알렉산드로스는 정복자였지만, 그리스의 학문과 예술을 열심히 배웠고, 이를 정복한 땅에 널리 퍼뜨렸어. 그 결과, 그리스와 동방 문화가 어우러져 새로운 문화가 만들어졌는데, 이를 '헬레니즘 문화'라고 해. 동양과 서양의 만남의 결실이니, 의미가 크겠지.

〈밀로의 비너스〉 인간 몸의 아름다움을 표현한 헬레니즘 시대의 대표 조각이야.

〈라오콘 군상〉 헬레니즘 문화의 대표적인 조각으로. 고통을 받고 있는 인간의 모습이야.

출발! 세계 속으로

아테네에서 그리스 신들을 만나다

"딸들, 오늘은 너희가 즐겨 읽은 그리스 신화에 나오는 신들을 만나러 갈 거야."

"아빠, 그럼 제우스, 헤라, 아테나, 아프로디테 등을 볼 수 있겠네요?"

"물론이지."

"여기는 '아크로폴리스'란다. '높은 곳의 도시'라는 뜻이니, 많이 걸어야 해."

"힘들지? 이제 정문에 도착했다. 자, 뒤를 돌아보렴."

"아빠, 아테네의 모습이 한눈에 들어오는데, 정말 멋져요."

"이제 본격적으로 신들을 만날 시간이야. 오른쪽에 보이는 것이 아테네의 수호신 아테나를 모신 '파르테논 신전'이지."

"저, 책에서 봤어요. 세계 문화유산 1호지요?"

"맞아. 크기가 엄청나지. 큰 틀만 남아 있지만, 세계에서 가장 아름다운 건축물로 손꼽는 사람들이 많단다. 주변 다른 신전들도 둘러보렴. 옛날 여러 신들이 바로 이곳에서 떠들고, 웃고, 싸우던 모습도 상상해 보고."

파르테논 신전 그리스의 폴리스를 대표하는 건축물이야. 기원전 5세기 만들어졌지. 파르테논은 '처녀의 장소'라는 뜻인데, 바로 아테나 여신이 이 신전의 주인임을 알려주는 이름이란다.

"파르테논 신전이야. 크고 아름답지 않니?"

우아~

디오니소스 극장
돌로 만든 세계 최초의 극장으로, 주로 음악당으로 사용되었다고 해. 1만 7000명이 앉을 수 있을 만큼 규모가 컸단다.

오늘 공연은 뭘까?

"이곳은 뭐 하는 곳이었을까?"

"무대와 객석이 있는 걸 보니, 극장 같은데요."

"맞아. 술의 신 디오니소스를 위해 만든 반원형의 극장이란다. 축제 때 연극을 했는데, 연기자의 목소리가 관객에게 잘 전해지도록 설계되었다고 해."

"신기하네요. 연극의 내용이 주로 뭐였어요?"

"기쁨, 슬픔 등 여러 가지 감정을 담았는데, 가장 강조된 것은 신에 대한 숭배였단다."

"운동 경기인 올림픽이 신에 대한 제사 의식이었던 것과 비슷하군요."

"우리 딸, 무지무지 똑똑하네."

"자, 이제는 마지막으로 '아크로폴리스 박물관'에 가 보자. 옛날 아테네 여러 건축물은 물론, 신들의 조각상을 만날 수 있는 곳이란다. 마치 신들의 집을 옮겨 놓은 것 같다니, 아빠는 기대가 크구나."

스파르타 아이들, 전사로 키워지다

스파르타에 '리쿠르고스'라는 사람이 있었어. 그는 스파르타를 위대한 폴리스로 만들기 위해 여러 나라를 돌아다녔단다. 리쿠르고스가 깨달은 교훈은 간단했어.

'먹이를 준 개보다 먹이를 찾아 먹게 한 개가 더 강하다.'

스파르타로 돌아온 그는 강력한 법을 만들었어.

"외적을 막기 위해 성벽을 쌓아야 합니다."

"스파르타에서는 시민이 곧 성벽이다."

레오니다스 페르시아 전쟁 때 활약하다 전사한 스파르타 왕의 모습이란다. 스파르타 전사들은 이렇게 나라를 위해 싸우다가 죽는 것을 명예로 여겼지.

스파르타는 강력한 전사의 도시가 되었지.

전사를 키우는 방법은 교육이었어. 남자가 태어나면, 전사가 될 가능성이 없는 아이들은 산에 버렸단다. 건강한 어린이는 일곱 살 때부터 부모 곁을 떠나 훈련을 받았어. 고통, 배고픔, 추위를 이겨 내기 위한 훈련으로 몽둥이질, 굶주림, 헐벗음을 견뎌야만 했지. 감정을 드러내는 것도 허용되지 않았어. 이것이 '스파르타식 훈련'이야.

여자아이들은 건강한 남자아이를 낳는 여성이 되기 위해 몸과 마음을 단련해야 했어. 앞으로 어머니가 되었을 때 아들을 키우는 방법, 사랑하는 방법도 가르쳤어. 여자아이들은 가슴에 이런 말을 새겼단다.

"사랑하는 아들아, 전쟁에서 이겨 방패를 들고 오거나, 아니면 명예롭게 죽어서 방패에 실려 오거라!"

한 걸음 더!

그리스의 철학자들

그리스 아테네에서 민주 정치가 발달한 거 기억하고 있겠지? 전쟁을 하지 않을 때 아테네 시민들은 민회에 참여하거나, 광장에 모여 여러 문제에 대해 토론했어. 자신의 생각을 전달하려면, 논리적으로 말하는 능력이 필요했지. 그리스에서는 일찍부터 자연 현상이나 사물, 특히 인간과 사회에 대해 곰곰이 따져 가며 공부하는 '철학'이 발달했단다.

철학의 발전을 이끈 대표적인 인물이 '소크라테스'야. 그는 대화할 때 끊임없이 질문을 해서 상대방의 생각이 잘못되었음을 깨닫게 했어. "너 자신을 알라!"라는 말은 "너 자신이 아무것도 제대로 아는 것이 없음을 알라!"는 뜻이야. 지혜로운 질문으로 올바름을 깨우쳐 주는 그의 모습에 반해 많은 청년들이 따랐단다.

소크라테스의 제자 가운데 가장 유명한 철학자가 '플라톤'이야. 그는 모든 사람이 행복한 사회를 만들기 위한 정치에 관심이 있었어. 현실에 없는 이상적인 세상을 꿈꾼 거지. 귀족으로 태어났

너 자신을 알라!

제 아이를 잘 부탁드립니다.

소크라테스 그와 대화를 한 후 화가 난 사람들이 '아테네의 신을 믿지 않고, 청년들을 나쁜 길로 이끈다.'며 소크라테스를 고발했어. 제자들은 감옥에 갇힌 그를 탈출시키려 했지만, 소크라테스는 "나쁜 법도 지켜야 한다."면서 독이 든 잔을 마시고 숨을 거두었단다.

기 때문일까? 플라톤은 엄격한 신분 질서를 가진 나라를 바람직하게 생각했고, '철학자의 통치'를 주장했단다.

플라톤의 제자, '아리스토텔레스'도 빼놓을 수 없는 인물이야. 그는 천문학, 지리학, 물리학, 동물학, 해부학 등 과학의 달인이었어. 이상을 좇았던 스승과 달리 현실에 관심을 갖고 국가, 부족, 촌락, 가정 등에 대한 연구에도 많은 노력을 기울였어. "인간은 사회적 동물이다."라는 말에는 인간과 사회에 대한 그의 깊은 관심이 담겨 있단다.

〈아테네 학당〉 플라톤이 아테네에 세운 학교인 아카데미를 16세기 화가 라파엘로가 그린 거란다. 가운데 서서 대화하는 두 인물이 플라톤과 아리스토텔레스야. 이들은 노예의 존재를 당연하게 여겼으나, 이들의 공부와 깨달음은 후손들에게 전해져 이후 서양 학문의 밑바탕이 되었단다.

1 유럽 문명의 뿌리 그리스

지중해 위쪽 한가운데 장화 모양의 나라가 있어. 이탈리아야. 너희가 즐겨 먹는 피자의 고향으로 알려져 있지. 이탈리아의 수도 로마는 이탈리아의 작은 도시지만, 세계 어떤 곳과도 비교할 수 없는 어마어마한 역사를 가지고 있단다. 오늘날 유럽인들이 "로마가 이전 모든 것을 정리했고, 이후 모든 것이 로마에서 나왔다."라고 할 정도니까. 그럼, 로마를 만나러 가 볼까.

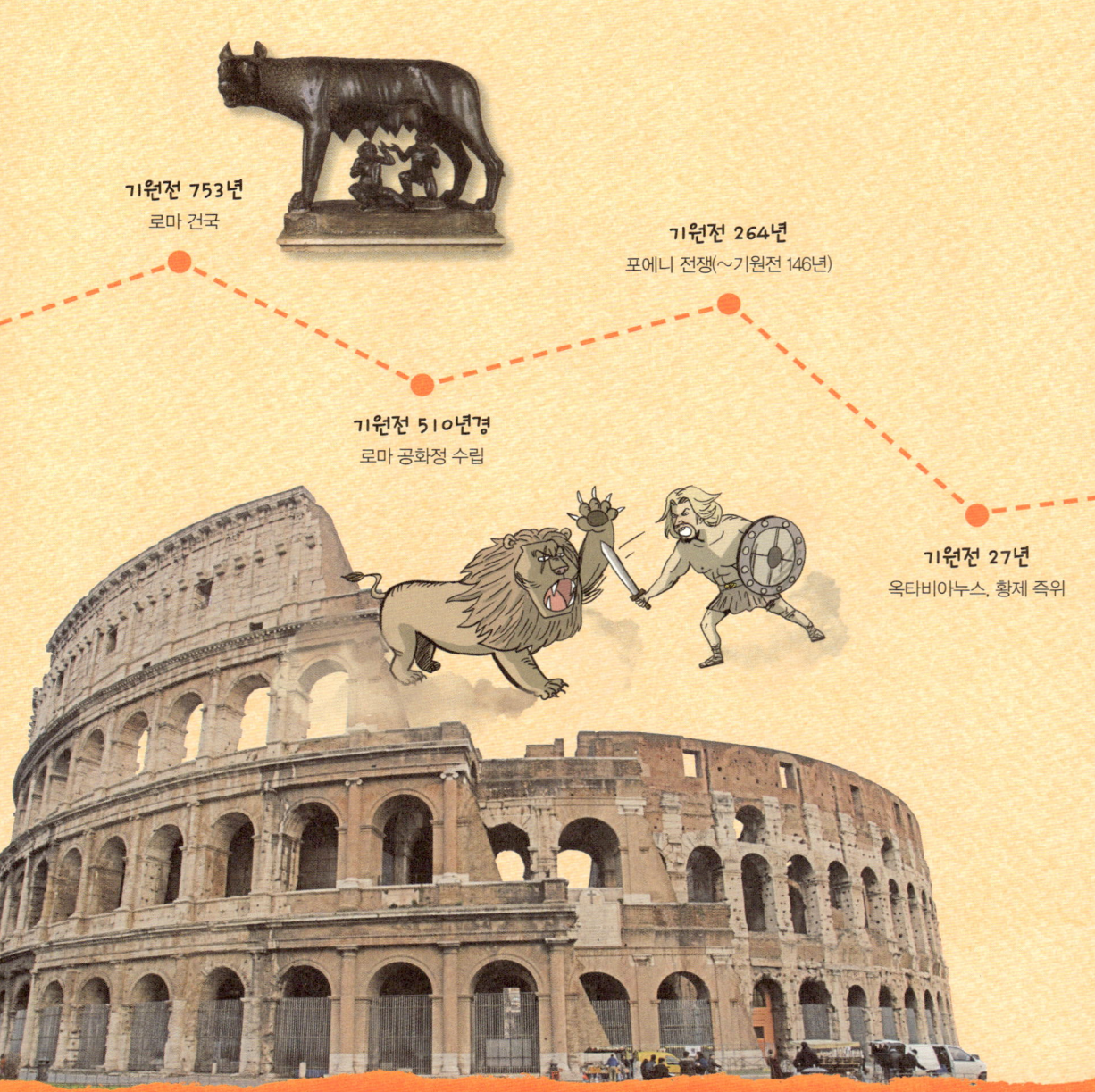

기원전 753년
로마 건국

기원전 510년경
로마 공화정 수립

기원전 264년
포에니 전쟁(~기원전 146년)

기원전 27년
옥타비아누스, 황제 즉위

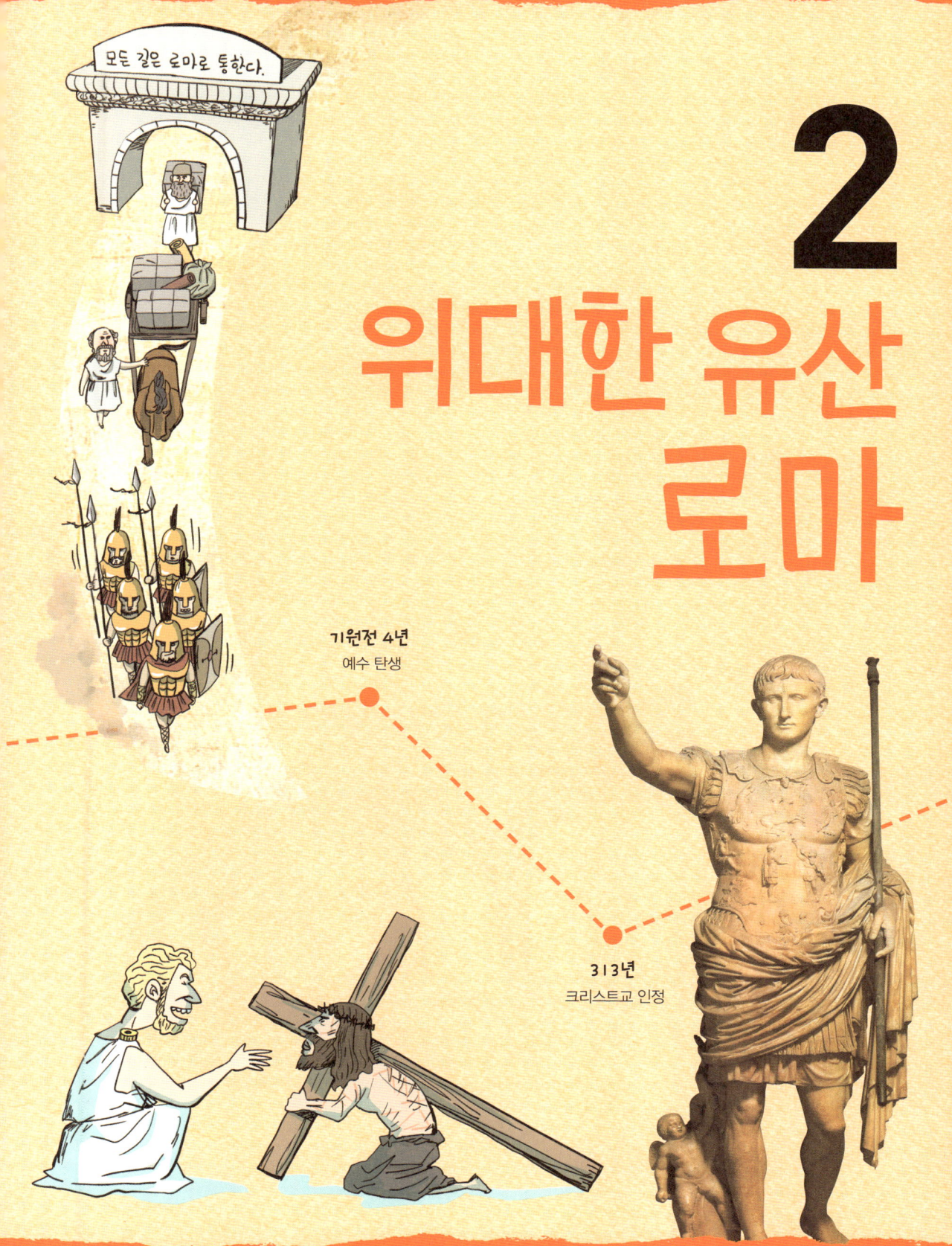

로마, 지중해를 품에 안다

로마는 이탈리아반도 테베레 강변에 세워진 작은 도시 국가로, 처음에는 별 볼 일 없는 존재였어. 그리스처럼 일찍 문명이 발달한 곳도 아니고, 마케도니아처럼 때를 잘 만난 것도 아니었으니까. 하지만 주변 민족들은 입을 모아 칭찬했어.

"로마인들은 다른 나라의 장점을 받아들여 더 발전시키는 데 타고난 재능을 가졌어."

이를 바탕으로 힘을 키운 로마는 이탈리아반도를 통일했어. 그 뒤 지중해를 놓고 아프리카 북부의 해상 강국 '카르타고'와 경쟁했지. 해군이 없던 로마는 카르타고의 배를 연구해 더 튼튼한 배를 만들고, 그들을 이길 방법을 찾아내려고 애썼어.

카피톨리노의 암늑대 로마 건국 신화에 등장하는 늑대 조각상이야. 이 늑대가 로마를 건국한 쌍둥이 형제 로물루스와 레무스를 키웠다고 전해져. '로마'는 동생을 물리치고 왕이 된 로물루스의 이름에서 따온 거란다.

기원전 241년, 로마와 카르타고가 지중해에서 충돌했어.

"로마 해군은 절대로 우리를 이길 수 없다. 저들의 배를 단숨에 박살내자."

카르타고는 승리를 확신했으나, 로마의 비밀 무기가 모습을 드러냈지.

"다가오는 배에 갈고리를 던지고 사다리를 내려 건너가라."

바다에서 벌어지던 싸움이 땅 위 싸움처럼 바뀌자, 로마 병사들이 큰 힘을 발휘했어. 지중해를 놓고 벌인 로마와 카르타고의 이 세 차례의 싸움이 '포에니 전쟁'이야.

로마는 카르타고로 쳐들어가 아프리카 북부를 손에 넣었어. 이어 그리스반도의 폴리스와 지중해 동부의 헬레니즘 세계까지 차지했지. 로마는 유럽, 아프리카, 아시아 세 대륙에 걸친 드넓은 영토를 자랑하는 제국이 되었단다.

로마 제국의 영역 로마 사람들은 카르타고와 벌인 포에니 전쟁에서 이긴 뒤 지중해 곳곳으로 땅을 넓혀 갔어. 그 결과 로마는 지중해를 품에 안은 큰 제국이 되었단다.

로마, 오늘날의 정치 제도와 법의 뿌리를 만들다

로마의 자랑거리는 넓은 땅만이 아니었어. 학교에도 큰 덩치와 힘을 자랑하는 친구가 있지? 그런 친구를 보면, 부럽기보다는 눈꼴사납지 않니? 진짜 자랑거리는 큰 덩치와 힘이 아니라 이를 바른 일에 쓰는 거니까. 로마도 마찬가지겠지. 로마의 숨은 자랑거리는 로마인 모두를 위해 만든 정치 제도야.

로마에서는 일찍부터 구성원 모두의 의견을 존중하는 '공화정'이 발달했어. 왕과 귀족은 물론, 시민들도 정치에 참여했지. 작은 도시 국가 로마가 큰 나라로 성장한 것도 시민군의 활약 덕분이었어. '옥타비아누스'가 등장한 이후 황제 중심의 '제정'이 시작되었으나, 그 역시 귀족과 시민 의견을 무시하지 못했단다.

'큰 나라를 유지하기 위해서는 정복한 나라 사람들을 로마인으로 받아들이고, 그들과 함께 나라를 이끌어 가야만 해.'

> 사람들은 나를 존엄한 자라 부르지. 나는 시민의 지도자야.

옥타비아누스 황제 귀족들에게 '존엄한 자(아우구스투스)'라는 칭호를 받았고, '8월(August)'이라는 단어 역시 그의 이름에서 비롯되었을 정도로 힘이 막강했어. 하지만 옥타비아누스는 자신을 '시민의 지도자'라고 밝혔어. 그만큼 공화정의 전통을 존중한 거야.

《로마법 대전》 8세기 동로마 제국에서 만든 법전으로, 정식 이름은 《시민법 대전》이야. '모든 인간은 존엄하다.'라는 내용은 뒷날 《나폴레옹 법전》은 물론 유럽 여러 나라의 법전에 영향을 주었지.

우리 시민들의 권리도 들어가 있군.

로마법 좋아!

로마의 또 다른 자랑거리는 '법'이야.

혹시 이런 말 들어 봤니?

"로마에 가면 로마법을 따르라."

'주어진 상황에 맞게 행동하라.'는 뜻인데, 다른 나라보다 먼저 로마에서 법이 발달했고, 로마 사람들이 법을 중요하게 여겼음을 알려 준단다.

처음 로마법에는 왕과 귀족의 권리만 적혀 있었어. 시민과 정복된 사람들의 군사적 역할이 커지면서 이들의 권리가 차례로 더해졌지. 오늘날에도 여러 나라 사람들이 자신들 법의 뿌리를 로마법에서 찾는단다. 사람들은 로마법을 '모든 법의 어머니'라고 부르지.

로마, 현실에 도움이 되는 문화를 꽃피우다

로마의 역사는 전쟁의 역사였어. 학문, 예술 등에 관심을 가질 여유가 부족해 그리스 것을 흉내 내는 정도에 머물렀지. 로마 신화를 읽은 친구는 눈치챘겠지만, 신들도 그리스와 비슷하단다. 하지만 도로, 건축 등 생활에 필요한 분야의 기술 수준이 아주 높았어. 넓은 나라를 다스리는 데 도움이 되었으니까.

로마인들은 정성을 다해 도로를 만들었어.

"모든 길은 로마로 통한다."

로마 제국의 모든 도로는 수도 로마로 연결되었는데, 길이가 8만 5000킬로미터에 이르렀어. 세금 운반, 무역은 물론 전쟁, 반란으로 병사를 빠르게 이동시켜야 할 때 큰 역할을 했지.

로마의 도로 로마인들은 큰 돌을 아래에 깔고 작은 돌들을 넣은 뒤, 넓고 평평한 돌로 그 위를 덮었단다. 도로 옆으로 빗물이 빠져나가게 해 도로가 허물어지는 것을 막았지.

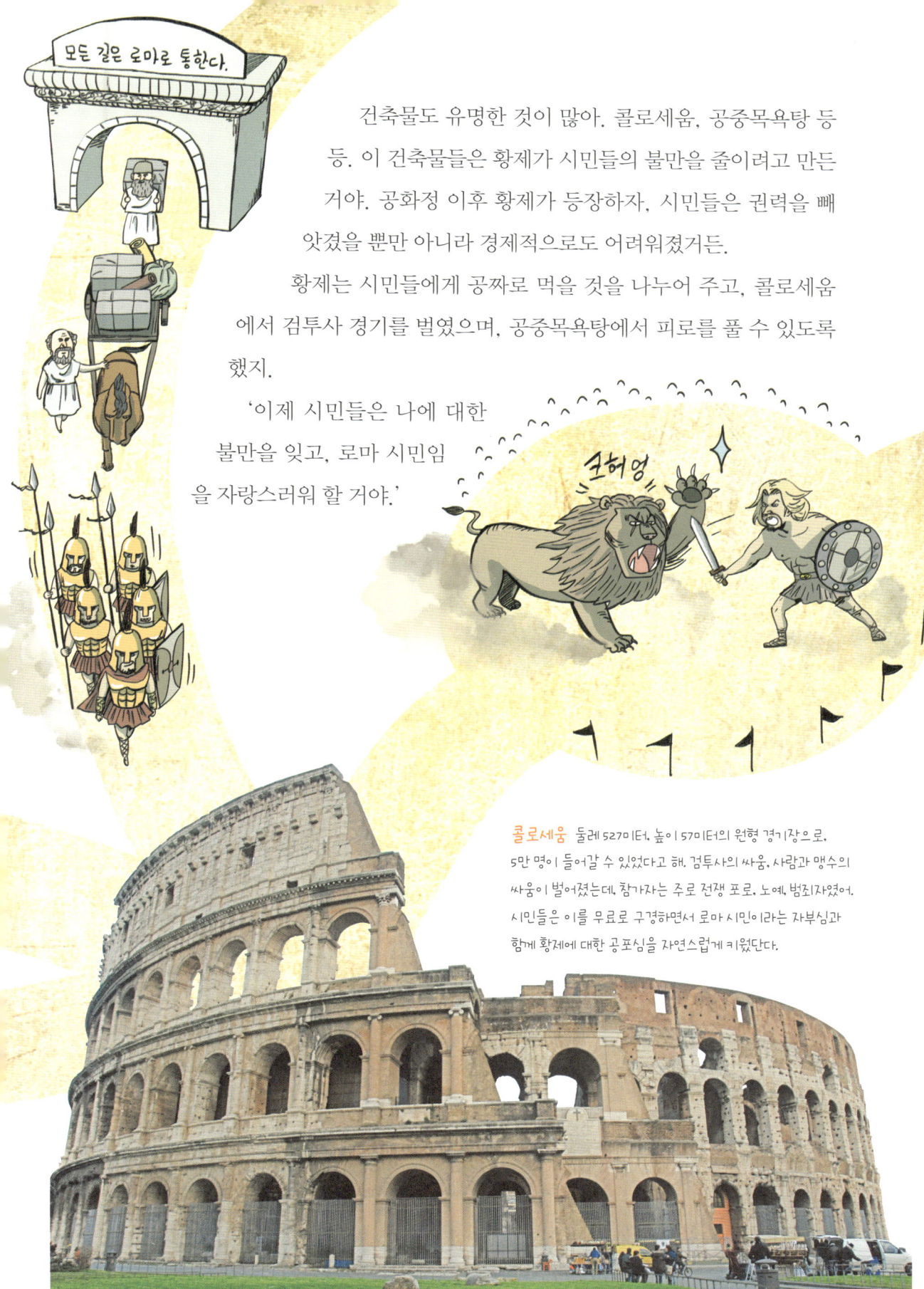

모든 길은 로마로 통한다.

건축물도 유명한 것이 많아. 콜로세움, 공중목욕탕 등등. 이 건축물들은 황제가 시민들의 불만을 줄이려고 만든 거야. 공화정 이후 황제가 등장하자, 시민들은 권력을 빼앗겼을 뿐만 아니라 경제적으로도 어려워졌거든.

황제는 시민들에게 공짜로 먹을 것을 나누어 주고, 콜로세움에서 검투사 경기를 벌였으며, 공중목욕탕에서 피로를 풀 수 있도록 했지.

'이제 시민들은 나에 대한 불만을 잊고, 로마 시민임을 자랑스러워 할 거야.'

콜로세움 둘레 527미터, 높이 57미터의 원형 경기장으로, 5만 명이 들어갈 수 있었다고 해. 검투사의 싸움, 사람과 맹수의 싸움이 벌어졌는데, 참가자는 주로 전쟁 포로, 노예, 범죄자였어. 시민들은 이를 무료로 구경하면서 로마 시민이라는 자부심과 함께 황제에 대한 공포심을 자연스럽게 키웠단다.

로마, 크리스트교를 세계 종교로 만들다

기원전 4년, 로마 제국의 지배를 받던 팔레스타인에서 유대인 '예수'가 태어났어. 그곳 유대인들은 자신들만 하느님에게 선택받았다고 주장했는데, 예수는 생각이 달랐지.

"하느님에 대한 믿음과 이웃에 대한 사랑을 실천하는 사람은 누구나 구원받을 수 있다."

예수는 유대교 지도자들의 미움을 사 십자가에 못 박혀 죽었어.

이후 예수를 구원자로 믿는 제자들이 생겼어. 바울, 베드로 등이 예수의 가르침을 곳곳에 전하자, 노예와 여성들이 주로 믿고 따랐단다. 로마 황제는 자신을 섬기지 않는다는 이유로 이들을 억눌렀지만, 예수를 믿고 따르는 사람들은 늘어만 갔지.

예수의 죽음 예수는 권력, 돈의 헛됨과 민족, 신분, 성별의 구분 없는 구원을 주장하다가 처형되었어. 이후 '예수의 죽음은 신이 인간을 대신해 죄를 씻는 것이다. 그가 죽은 지 3일 만에 다시 되살아났다.'는 믿음이 만들어졌는데, 이것이 '크리스트교'란다.

313년, 콘스탄티누스 대제가 고민에 잠겼어.

'크리스트교와 계속 부딪히는 것은 효율적이지 않아. 이를 잘 이용하면, 각기 다른 언어, 풍습, 종교를 가진 로마인들을 하나로 묶을 수 있을 거야.'

그는 선언했어.

"크리스트교를 로마의 공식 종교로 인정하겠다."

자유를 얻은 크리스트교는 로마 제국 곳곳으로 퍼져 나갔어. 크리스트교는 로마를 만나 큰 아픔을 겪었지만, 이를 세계 종교로 이끈 것도 로마였지. 앞에서 살펴본 정치 제도와 법 이외에 오늘날 세계 곳곳에서 많은 사람이 믿는 크리스트교 역시 로마와 관계 깊다는 사실을 이제 알았지?

카타콤 로마인들의 지하 무덤이야. 로마 황제의 눈을 피해 예배 보는 곳으로 사용되기도 했지.

2 위대한 유산 로마 37

출발! 세계 속으로

로마 제국의 심장, 로마를 만나다

"딸들아, 오늘은 이탈리아 로마를 둘러볼 거야. 유럽 역사에서 가장 큰 나라였던 로마 제국의 수도였으니, 그때의 흔적들 위주로 살펴보면 어떨까?"

"와우, 신나요. 근데 아빠, 우리는 피자와 스파게티를 꼭 먹고 싶어요."

"사랑하는 딸들이 원하는 건데, 당연히 사 줘야지."

"여기는 '판테온 신전'이야. '모든 신을 위한 신전'이라는 뜻이지. 로마 신들에게 바치기 위해 만들어진 거란다."

"여러 신을 모시려고 해서 그런지, 엄청 크네요."

"크기도 놀랍지만, 사실 둥근 모양 돔 지붕에는 놀라운 과학적 원리가 숨어 있지."

"그럼 빨리 들어가 봐요."

"판테온 신전은 바닥에서 지붕까지 높이와 둥근 돔 원 지름이 43.3미터로 똑같단다. 더욱 신기한 건 돔 지붕에 뚫려 있는 큰 구멍이야. 시간에 따라 빛의 양이 달라져 신비한 느낌을 주지. 특히 바깥 공기와 내부의 온도 차이로 공기 흐름이 일어나 웬만큼 비가 와서는 들이치지 않는다는구나."

판테온 신전 로마 제국 때 만들어진 건물로, 로마인의 돔 건축 기술이 돋보이는 세계 문화유산이란다. 7세기 이후 로마 가톨릭 교회의 성당으로 사용되고 있지.

"점심을 먹었으니, 가벼운 마음으로 사람들이 많이 찾는 곳들을 둘러보자."

"여기는 '에스파냐 광장'이야. 에스파냐 관청이 가까워 붙여진 이름이란다. 영화 〈로마의 휴일〉 여주인공 오드리 헵번이 아이스크림 먹는 장면을 찍어 더 유명해졌지만……."

"여기는 '진실의 입'이야. 죄를 따져 물을 때 거짓말을 하면, 신이 손을 잘라 버린다는 전설에서 비롯된 이름이래."

"거짓말을 하면 진짜 손이 잘리나요?"

진실의 입 로마 시대에는 가축 시장의 하수도 뚜껑으로 사용되었다고 전해지기도 해.

"글쎄, 아빠가 먼저 해 볼게. 나는 우리 딸들을 엄청 사랑합니다. 진실이라 손이 멀쩡하네. 너희도 해 보렴. 거짓말은 절대 안 된다. 크크."

"이곳은 '트레비 분수'야. 관광객들마다 동전을 던지며 소원을 빈단다. 여기 동전 있으니, 너희도 해 보렴."

트레비 분수 고대 로마 제국의 수도 시설을 되살리기 위해 만들어졌다고 해. 등을 돌린 채 동전을 던지면 다시 로마로 돌아온다는 전설이 전해져 온단다.

소원을 말해 봐~

2 위대한 유산 로마

한 걸음 더!
로마, 세계사에 큰 영향을 주다

앞에서 공화정, 제정 등을 간단히 살펴봤는데, 로마의 정치 제도는 단순하지 않아. 왕을 쫓아낸 뒤 귀족이 중요한 일을 결정하고, 가장 높은 관직을 독차지한 것을 보면, 귀족 정치처럼 보이기도 해. 또 평민이 자신들의 의회에서 법을 만들고, 대표를 뽑은 것을 보면 민주 정치 같고. 황제가 자기 마음대로 나라를 이끌기도 했으니, 참 복잡하지.

이런 변화 과정을 다양한 정치 제도에 대한 실험으로 볼 수 있지 않을까? 이 중 공화정은 로마가 유럽 역사에서 가장 큰 나라로 성장하는 데 중요한 바탕이 되었지. 황제가 등장해 공화정이 깨지면서 평민 중심의 군대가 무너져 망했지만, 로마의 정치적 실험은 이후 사람들에게 훌륭한 유산으로 전해졌단다.

로마의 최고 유산으로 '포용성'을 꼽을 수도 있어. 정복한 지역의 전통을 존중하

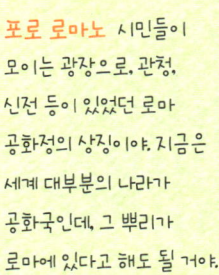

포로 로마노 시민들이 모이는 광장으로, 관청, 신전 등이 있었던 로마 공화정의 상징이야. 지금은 세계 대부분의 나라가 공화국인데, 그 뿌리가 로마에 있다고 해도 될 거야.

수도교 반원형의 아치 모양을 3단으로 쌓아 만든 다리인데, 비스듬한 경사를 만들어 수로로도 이용했어. 실제 생활에 도움이 되는 로마인의 건축 기술도 이웃 민족의 장점을 받아들였기에 가능했지.

고, 그곳 사람들을 로마인으로 받아들인 사실에서도 잘 드러나지.

    이런 열린 마음이 없었다면, 앞에서 말한 정치 제도와 건축 기술은 물론, 크리스트교도 세계적인 종교가 되기 어려웠을 거야. 나와 다른 이들과 손잡아 더 큰 우리를 만들고, 주변 사람들의 장점을 적극적으로 받아들여 이를 더 쓸모 있는 것으로 만들어 내는 로마인의 자세야말로 세계화 시대를 살아가는 우리에게 꼭 필요한 것이 아닐까?

오늘날 서유럽과 동유럽을 대표하는 나라는 어디일까? 서유럽에서 프랑스, 독일, 영국을, 동유럽에서 러시아를 빼기 힘들 거야. 이 나라들의 역사는 언제 시작되었을까? 이 땅에서는 일찍부터 사람이 살았지만, 나라의 기본 바탕은 다른 곳에서 이동해 온 게르만족과 노르만족이 만들었어. 자신들 풍습 위에 그리스와 로마 문화를 잘 섞어 지금의 유럽을 만든 거야. 그럼, 이 과정을 살펴볼까?

375년
게르만족 대이동

395년
로마 제국, 동로마와 서로마로 나뉨

476년
서로마 제국 멸망

481년경
프랑크 왕국 건설

3 이민족 이동과 유럽 탄생

800년
교황, 샤를마뉴를 서로마 제국 황제로 인정

1054년
크리스트교, 동·서 교회로 분리

900년 전후
노르만족의 대이동

게르만족, 서로마 제국을 무너뜨리다

　로마가 잘나가던 시절, 라인강과 도나우강 북쪽에는 게르만족이 살았어. 이들은 큰 나라를 만들지 못한 채 부족 단위로 떠돌며 농사를 짓거나 가축을 키웠지. 부족의 경계가 명확하지 않아 다른 부족과 자주 싸워 자연스럽게 용맹한 전사가 되었어.

　인구가 늘어나자, 따뜻한 기후와 기름진 땅, 화려한 문화를 가진 로마로 이동하는 게르만족이 늘어났지.

　"나도 로마에서 풍요를 마음껏 누리며 살고 싶다."

　실제로 로마에 가서 돈을 받고 병사로 일하는 게르만족이 점점 늘어났어.

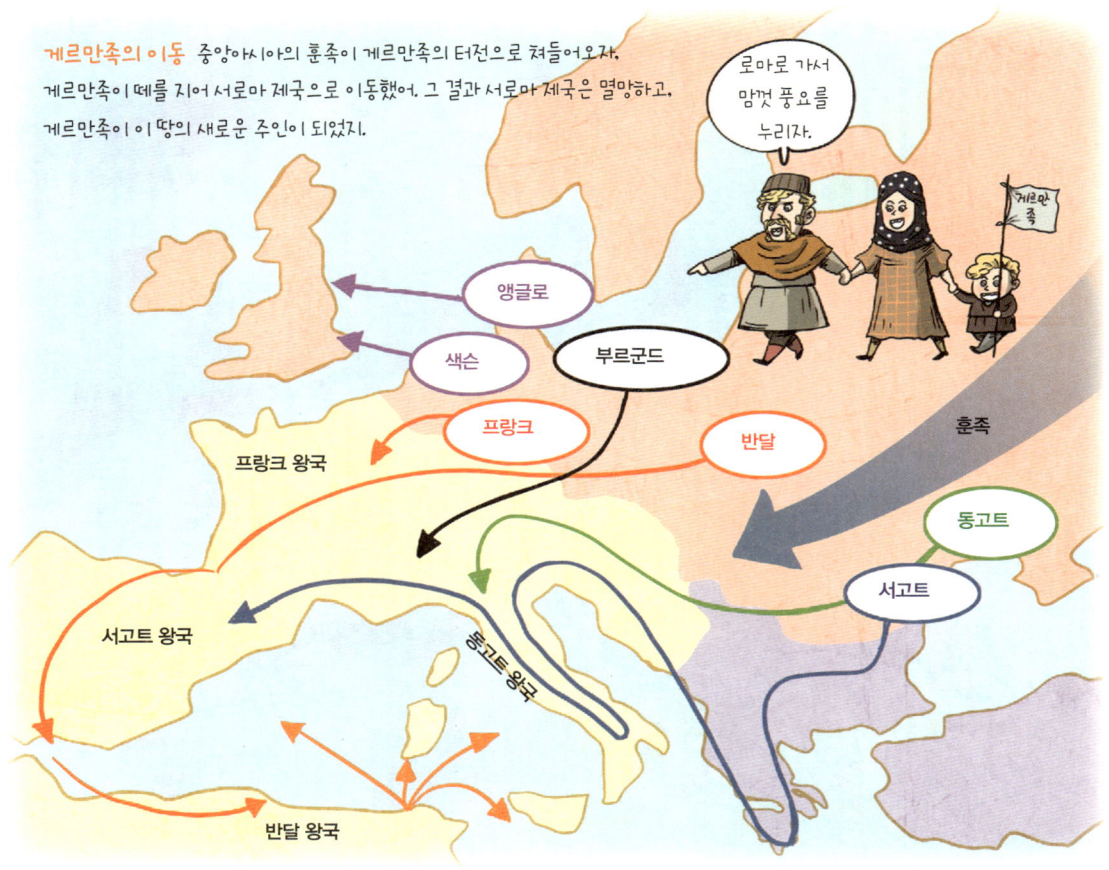

게르만족의 이동 중앙아시아의 훈족이 게르만족의 터전으로 쳐들어오자, 게르만족이 떼를 지어 서로마 제국으로 이동했어. 그 결과 서로마 제국은 멸망하고, 게르만족이 이 땅의 새로운 주인이 되었지.

4세기 말, 게르만족이 대대적으로 쳐들어갔어.

"풍요로운 땅, 로마 제국으로 가자!"

식량과 귀중품을 빼앗고, 닥치는 대로 사람을 죽였어. 막을 준비를 못 했던 로마인들은 도망가기에 바빴지.

395년, 혼란 속에서 로마 제국이 동·서로 나뉘었어. 귀족이 너무 넓은 땅을 차지해 로마의 기둥인 시민군이 무너진 상황에서 황제가 되기 위한 권력 다툼과 다른 민족의 반란이 이어졌거든. 476년, 서로마 제국이 무너졌어. 게르만족이 쳐들어왔는데, 이를 막는 병사들 대부분이 게르만족이 었으니까. 서로마 제국 땅에는 게르만족 국가들이 들어섰어.

게르만족의 파괴 게르만족이 로마에 쳐들어와 싸우는 모습이란다. 평민이 오랫동안 전쟁터에 나가 싸우느라 자신의 땅을 돌보지 못해 몰락하자, 로마의 군사력이 크게 약해졌지.

3 이민족 이동과 유럽 탄생

프랑크 왕국, 서유럽의 중심으로 우뚝 서다

서로마 제국 땅에 들어선 게르만족 국가들은 대부분 오래가지 못했어. 왕이 나라를 다스린 경험이 없었고, 글자를 모를 정도로 문화 수준도 낮았거든. 지금의 프랑스 북부에 터를 잡은 '프랑크 왕국'만은 달랐어. 원래 살던 곳이 가까워 자신들 전통을 지킬 수 있었고, 크리스트교를 받아들여 로마인과 하나가 되려고 했거든.

732년에는 이베리아반도(지금의 포르투갈과 에스파냐)를 손에 넣은 후 쳐들어온 이슬람 세력을 막아 냈어. 게르만족은 물론, 옛 서로마 제국 사람들도 한목소리를 냈지.

"프랑크 왕국이 이슬람 세력으로부터 서유럽 크리스트교 세계를 지켜 냈다."

프랑크 왕국 8세기에는 서유럽을 대표하는 나라가 되었어. 샤를마뉴가 죽은 뒤 제국은 내분이 일어나 동부·중부·서부로 나뉘었는데, 이는 뒷날 각각 독일·이탈리아·프랑스가 되었단다.

샤를마뉴 황제 '샤를마뉴'는 '위대한 샤를 왕'이라는 뜻의 프랑스어야. '샤를'은 독일어로는 '카알', 에스파냐어로는 '카를로스', 영어로는 '찰스'라고 하지. 사진은 독일의 아헨 대성당에 있는 흉상이야.

프랑크 왕국을 대표하는 왕이 '샤를마뉴'야. 그 역시 다른 게르만족 왕들처럼 글을 몰랐지만, 용맹하면서도 지혜로웠어. 전쟁에 대비해 튼튼한 말을 기르고, 지리를 익혔으며, 강한 칼을 만들어 냈거든. 프랑크 왕국은 옛 로마 제국 못지않은 땅을 가진 나라가 되었지.

800년, 로마의 성 베드로 성당에서 로마 교황이 샤를마뉴에게 황제의 관을 씌워 주었어.

"당신은 크리스트교를 위협하는 자들을 물리치고, 곳곳에 교회를 세웠습니다. 하느님 뜻을 받들어 그대를 로마 제국 황제로 임명합니다."

야만인이라 손가락질을 받던 게르만 족장이 가장 권위 있는 로마 교황에게 로마 제국 대표자로 인정받은 거야.

노르만족, 남쪽으로 생활 터전을 넓히다

프랑크 왕국이 나뉠 무렵, 서유럽에 또다시 여러 이민족이 침입했어. 특히, 북유럽에 살던 '노르만족'은 두려움의 대상이었지. 일찍부터 바다를 누비며 장사를 했는데, 시시때때로 약탈자로 변했거든. 가을 추수 때면, 지금의 영국과 프랑스 바닷가에 자주 나타났어.

이들의 배는 속도가 빨랐고 물살을 거슬러 갈 수 있어 예상하지 못한 곳에 갑자기 나타났지.

"피해라, 북쪽의 바이킹 해적들이 또 쳐들어왔다."

노르만족의 잉글랜드 정복
노르망디공 윌리엄 1세가 잉글랜드를 정복하는 장면이야. 이로써 영국에 노르만 왕조가 들어섰어.

콩 한쪽도 남기지 말고 훔쳐라!

하하하

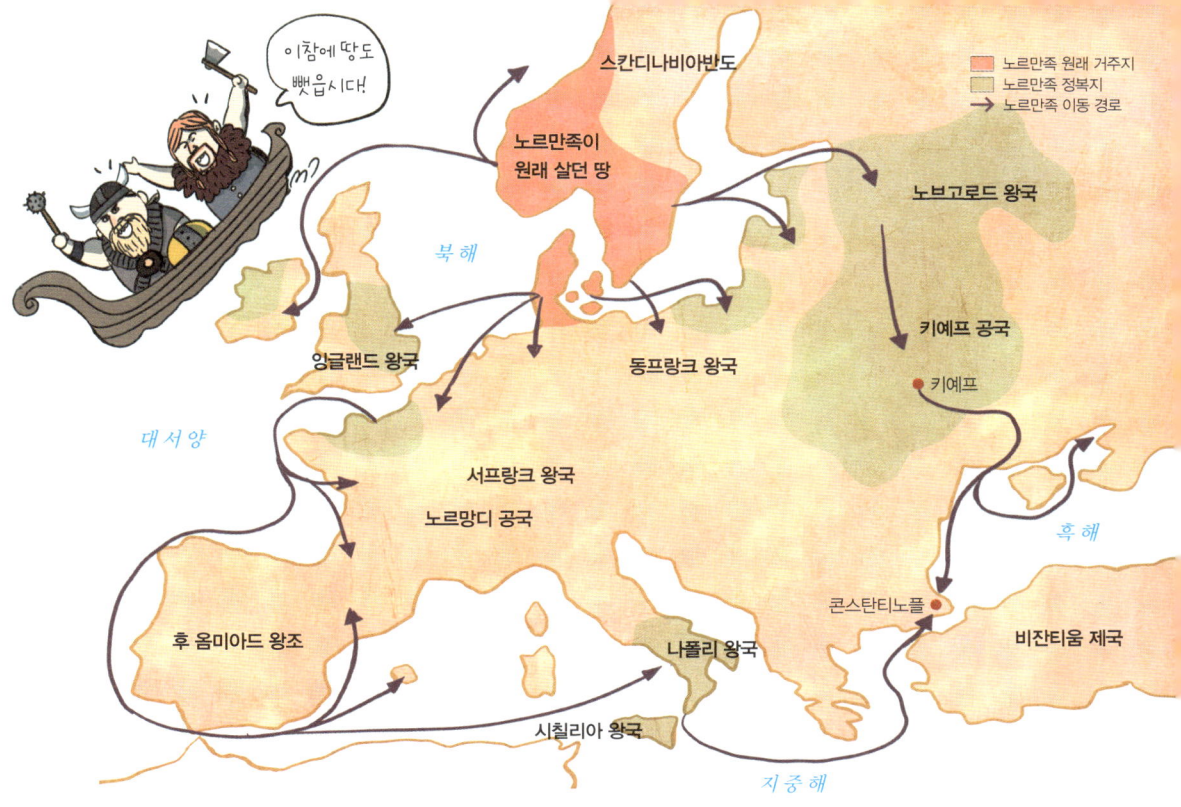

노르만족의 이동 9~11세기에 스칸디나비아반도에 살던 노르만족이 남쪽으로 이동해 유럽 곳곳에 왕조를 열었어. 뒷날 만들어지는 영국, 러시아 등이 이들에게서 비롯되었지. 그 결과 오늘날 유럽 여러 국가의 기본 틀이 만들어졌단다.

    노르만족은 잔인했어. 한번 휩쓸고 지나가면, 곡식과 가축은 물론, 사람들도 자취를 감추었단다.
    서프랑크 왕국 왕은 노르만족을 막을 방법을 찾기 위해 고민했어.
    '그래, 정착지를 마련해 주는 거야.'
    지금의 프랑스 북쪽 땅을 바이킹 두목에게 주었지. '노르망디'라고 불리는 곳인데, '노르만족의 땅'이라는 뜻이야.
    노르만족은 이에 만족하지 않았어. 영국과 이탈리아로 쳐들어가 새로운 왕조를 열었지. 동유럽도 이들을 피할 수 없었어. 러시아의 뿌리가 된 키예프 공국도 이들이 만들었거든. 스칸디나비아반도에 남은 사람들이 스웨덴, 덴마크, 노르웨이 왕국을 세웠으니, 이들 역시 노르만족 왕조였지.

3 이민족 이동과 유럽 탄생

비잔티움 제국, 그리스·로마 문화를 이어 가다

서로마 제국은 게르만족에게 망했지만, 동로마 제국은 1000년 넘게 이어졌어. 동로마 제국 수도인 콘스탄티노플의 옛 이름이 비잔티움이었기에 '비잔티움 제국'이라고도 불렀단다.

비잔티움 제국을 대표하는 인물이 '유스티니아누스 황제'야.

"우리나라는 야만스러운 게르만족 국가들과 달라. 세상에 하나뿐인 문명국이지. 로마 제국의 전통을 이어받은 황제로서, 옛 로마 제국의 영광을 되살리고야 말겠어."

그는 20년 넘게 게르만족 왕국들과 싸워 옛 로마 제국에 버금가는 영토를 차지했어. 비잔티움 제국을 대표하는 문화유산인 《로마법 대전》을

유스티니아누스 황제 6세기 로마 제국의 옛 땅을 되찾아 지중해를 다시 로마의 호수로 만든 인물이란다. 사진은 비잔티움 제국이 되찾았던 이탈리아 라벤나의 성 비탈레 성당에 있는 모자이크 그림이야.

성상 파괴 명령 비잔티움 제국 황제가 성상 파괴 명령을 내리는 모습이야. 이는 1054년 크리스트교 교회가 서유럽 로마 가톨릭교회와 동유럽 그리스 정교회로 나뉘는 계기가 되었어. 이후 서유럽에서는 로마 교황을 종교적 대표자로, 동유럽에서는 비잔티움 제국 황제를 정치와 교회의 최고 지배자로 여겼단다.

만든 일과 불에 탄 '성 소피아 성당'을 다시 지은 것도 그였단다.

유스티니아누스 황제가 죽은 후 제국은 쇠퇴의 길을 걸었지만, 그리스·로마 문화를 계승 발전시킨 것은 자랑거리였어. 그리스어를 공용어로 쓰면서 그리스 학문을 한층 더 발전시켜 서유럽에 전해 준 것이 대표적인 예야. 비잔티움 제국이 아니었다면, 그리스 철학과 르네상스가 없었을지도 몰라.

동유럽에 끼친 영향은 더욱 커. 로마 교회가 글을 모르는 게르만족에게 크리스트교를 전하기 위해 십자가, 예수, 성모마리아 등 성상을 사용하는 것을 문제 삼으면서 콘스탄티노플 교회가 '그리스 정교회'로 독립했는데, 슬라브족이 이를 받아들여 크리스트교도가 되었거든. 이 과정에서 만들어진 슬라브 문자 역시 그리스 문자를 바탕으로 만들어진 거란다.

출발! 세계 속으로

이스탄불에서 비잔티움 제국을 만나다

"여기는 튀르키예 이스탄불이야."

"저기 다리 보이지? 그걸 기준으로 서쪽은 유럽이고, 동쪽은 아시아야. 지중해로 나가면 아프리카도 있지. 이렇게 이스탄불은 세 대륙이 만나는 길목에 있어."

"그래서일까? 기원전 7세기에 그리스 사람들이 바다를 건너와 이곳에 도시 국가를 만들었어. 당시 이름은 '비잔티움'이었지. 동쪽에서 힘을 키운 페르시아를 거쳐 로마 제국의 손에 들어갔단다. 330년, 콘스탄티누스 대제는 이곳으로 수도를 옮기고, 자신의 이름을 따서 '콘스탄티노플'이라고 불렀어."

"이름이 비잔티움에서 콘스탄티노플로 바뀐 거군요."

"그렇지. 이후 로마가 동·서로 나뉘고, 서로마 제국이 멸망했으나, 콘스탄티노플은 동로마 제국의 수도로 약 1000년 동안 번영을 이어 갔어."

"1453년에 이슬람교를 믿는 튀르크족이 이곳을 차지한 뒤로는 '이스탄불'이라 불리고 있어."

비잔티움 제국의 심장, 콘스탄티노플 유럽, 아프리카, 아시아를 연결하는 길목에 자리한 콘스탄티노플은 세계 곳곳의 상인들이 모여드는 국제 무역의 중심지이자, 인구 100만을 자랑하는 대도시였어.

성 소피아 성당 지중해를 주름잡던 비잔티움 제국의 자부심을 보여 주는 웅장한 건축물이야. 오스만 제국 때 주변에 4개의 첨탑을 세우면서 이슬람 사원으로 사용되었단다.

"여기가 바로 이스탄불 최고의 자랑, '아야 소피아 성당'이야."

"이상하네요. 다른 나라 성당들은 지붕이 뾰족한 탑 모양이던데……."

"큰딸, 대단하구나. 둥근 돔 지붕이 특이하지. 이것은 페르시아의 영향이고, 두꺼운 벽과 작은 창문의 몸체는 로마의 기술이란다. 유럽과 아시아 문화를 잘 조화시킨 증거지."

"아빠, 근데 오늘 저녁에는 뭘 먹나요?"

"둘째 딸 관심은 먹는 것뿐이구나. 향신료로 양념한 고기를 꼬치에 꿰어 숯불에 구운 케밥을 먹도록 하자. 디저트는 쫀득쫀득한 아이스크림이다."

"와우, 신난다."

"하지만 성당을 둘러보는 게 먼저란다. 튀르크족이 성당을 이슬람 사원으로 사용해 건물 안에 크리스트교와 이슬람교의 흔적이 섞여 있으니 잘 찾아보렴. 지금은 박물관으로 사용되고 있으니 다른 볼거리도 많을 거야."

한 걸음 더!

교황, 로마 가톨릭교회를 이끌다

로마 제국의 콘스탄티누스 대제가 크리스트교를 인정한 이후 크리스트교는 유럽 곳곳으로 퍼져 나갔어. 크리스트교 세계는 5개 지역으로 나뉘었는데, 로마, 콘스탄티노플, 예루살렘, 안티오크, 알렉산드리아가 각각의 중심지였어. 이 지역 교회를 대표하는 자를 '주교'라고 했지.

로마 제국 말기에는 로마와 콘스탄티노플만 남고, 나머지는 이슬람 세력의 손에 들어갔어. 이 가운데 로마는 로마 제국의 오랜 수도였을 뿐만 아니라, 베드로와 바울 등이 목숨을 바친 곳이어서 전체 교회의 중심이 되었지. 로마 주교를 '크리스트교의 황제', 즉 '교황'이라 부르면서 크리스트교 세계 대표자로 삼았단다.

프란치스코 교황 교황은 로마 가톨릭교회의 가장 높은 지도자이자, 바티칸 시국의 대표자야. 가난, 질병 등으로 고통받는 사람들을 사랑으로 감싸 주기에 가톨릭교도는 물론, 다른 종교를 가진 사람들에게도 존경받고 있단다.

11세기에 동유럽 교회가 그리스 정교회로 떨어져 나갔으나, 로마 가톨릭교회를 대표하는 교황의 권위는 여전히 절대적이었어. 교황은 '바티칸 시국'에서 살아. 이탈리아의 로마 안에 있는 작은 나라로, 인구가 1000명도 안 된단다. 성직자와 교황청에서 일하는 사람들이 전부거든.

　이탈리아 정부는 이 땅을 이탈리아에 포함시키려 했으나, 세계 곳곳 가톨릭교도들의 반대에 밀려 1929년에 독립국으로 인정했어. 바티칸 시국은 세계에서 가장 작은 나라지만, 전체 로마 가톨릭교회의 중심지야. 이곳에 가면 교황은 물론, 많은 문화유산을 만날 수 있지.

성 베드로 성당 예수의 제자인 베드로의 무덤 위에 만들었기에 그의 이름을 붙였어. 지금의 성당은 콘스탄티누스 대제가 만든 것을 헐고 16세기에 다시 지은 거야. 바티칸 시국에 있어서 '바티칸 대성당'이라고도 불리지.

텔레비전이나 영화를 보면 신하와 백성이 왕을 하늘처럼 우러르지. 왕의 힘이 언제나 강했던 건 아니야. 서유럽에서도 이민족과 이슬람 세력의 침입이 이어진 시기에 왕은 작은 땅을 가진 다른 귀족들과 다를 바 없었어. 대신 크리스트교 교회가 큰 힘을 발휘했지. 특히, 로마 가톨릭교회의 대표자인 교황은 종교적으로는 물론, 정치적으로도 영향력이 컸어. 그럼, 그 시기로 들어가 볼까?

900년 전후
노르만족 대이동

1054년
크리스트교, 동·서 교회로 분리

1075년
교황, 성직 임명권 주장

1077년
카노사의 굴욕

4 크리스트교 세상

1088년
최초의 대학, 볼로냐 대학 설립

1248년
쾰른 성당 건설 시작

1174년
피사 성당 건설 시작

국왕, 외세 침략으로 힘을 잃다

9세기 이후 서유럽은 또 혼란스러웠어. 노르만족 등 여러 이민족은 물론, 이슬람 세력의 침략이 이어졌거든. 잘나가던 프랑크 왕국도 이들을 막지 못했어. 세 나라로 갈라져 힘이 약해졌거든. 사람들은 스스로 가족과 재산을 지켜야 했지.

넓은 땅을 가진 이들은 많은 병사가 필요했기에 기사들을 모았어.

"이 땅을 네게 줄 테니, 내가 부르면 달려와 용맹함을 보이라."

땅을 받은 기사는 땅을 준 주군에게 다짐했어.

"군사적 충성을 다하겠나이다."

땅과 군사적 충성 등 서로 필요한 것을 주고받는 계약이 맺어진 거야. 이를 '주종 관계'라고 하는데, '주인과 그를 따르는 자의 관계'라는 뜻이야.

주종 관계의 서약 기사들이 서로 지켜야 할 약속을 다짐하는 모습이야. 땅을 주는 자를 '주군', 받는 자를 '가신', 땅을 '봉토'라고 해. 이는 주군이 신하를 보호하고, 신하는 주군에게 충성을 다하는 게르만족의 풍습에서 나왔어.

피라미드식 계층 구조 이민족의 침입 시기에 서유럽에서는 위로부터 아래로 왕, 귀족, 기사, 농민에 이르는 피라미드식 계층 구조가 자리를 잡았어. 왕은 가장 윗자리에 있었으나, 이 시기에는 여러 주군 중 한 명에 지나지 않았어.

가신이 한 명의 주군만을 따를 필요는 없었어. 대부분의 기사들은 왕, 교회의 성직자, 또 다른 기사 등 여러 주군을 가졌지. 이들은 신분을 내세워 무언가를 강제하는 상하 관계가 아니라 서로 돕는 계약 관계였어.

스스로를 지킬 힘이 없었던 농민들은 어떻게 했을까? 특별한 대책이 떠오르지 않을 거야. 당시 농민들도 마찬가지였어. 힘 있는 자에게 의지해 시키는 일을 하며 사는 수밖에……. 그 결과, 서유럽 국왕들의 권력은 이전보다 크게 약해졌어.

영주, 왕 간섭 없이 자기 땅을 다스리다

　11세기, 서유럽은 이전과 달랐어. 상업은 활기를 잃었고, 대부분은 자유가 없는 농민으로, 기사의 통제를 받으며 살았지. 큰 나라는 기사가 다스리는 수많은 마을로 나뉘었어. 이를 '장원', 이곳을 다스리는 자를 '영주'라고 해. 영주는 '명령을 내리는 주인'이라는 뜻이야.

　영주는 장원의 농민들을 마음대로 부리고, 재판할 수 있었어.

　"여기서는 내가 왕이나 마찬가지야. 왕과 주군도 간섭할 수 없으니까."

　영주가 주군에게 받은 땅에 사는 농민들을 그 누구의 간섭 없이 다스리는

장원의 구조 영주가 다스리는 마을을 '장원'이라고 불렀는데, '울타리를 친 땅'이라는 뜻이야. 장원에는 영주의 성, 교회, 농민의 집, 밭, 방앗간, 빵 가마 등이 있었단다.

것을 '봉건 제도'라고 한단다.

농민들의 삶은 여유롭지 않았어.

"힘들게 일해 봐야 소용이 없네. 세금을 내면 남는 게 없어."

"어디 그뿐인가. 생일 등 특별한 날에는, 또 뭘 바쳐야 하나 걱정이야."

도망가는 농민도 있었으나, 대부분 붙잡혀 끌려왔어. 매를 맞아 팔다리가 부러지거나, 불에 달군 쇠로 상처를 입기도 했지.

농민이 인간 취급을 받지 못한 것 같다고? 맞아. 소와 다를 바 없는 존재로 여겨졌고, '농업 노예'라는 뜻의 '농노'라고 불렸어. 그래도 노예보다는 나았지. 결혼해 가정을 꾸리고, 재산도 모을 수 있었거든.

교황, 유럽에서 가장 큰 권력을 자랑하다

크리스트교는 종교적으로 잘나갔어. 교황은 서유럽 모든 크리스트교 교회와 수도원의 대표자로, 막강한 종교적 권위를 자랑했지. 사람들은 입을 모아 그를 받들었어.

"교황께서는 신을 대신하신다."

교황은 넓은 땅을 가지고 농민을 다스리는 '정치적 지배자'이기도 했어. 왕과 귀족들이 많은 땅을 바쳤거든. 한창 잘나갈 때는 서유럽 전체 땅의 4분의 1이 그의 차지였지.

신의 대리자임을 내세워 나랏일에도 간섭했어. 때때로 성직자 임명권, 세금을 거둘 권리, 농민 재판권 등을 두고 황제나 국왕과 힘겨루기를 했지.

11세기 말, 교황이 목소리를 높였어.

"왕들은 더 이상 성직자를 임명할 수 없소. 이는 본래 교황 권한이었소!"

독일 지역 왕이 여러 나라 왕들을 대표해 나섰어.

"왕 역시 신이 내린 신성한 존재요. 교황이 성직자 임명권을 독차지해서는 아니 되오."

교황이 결정타를 날렸어. '파문' 즉,

교황에게 수도원을 바치는 성직자 한 성직자가 교황에게 수도원을 바치는 모습이야. 교황이 크리스트교의 대표자이자, 넓은 땅을 가진 정치적 지배자임을 보여 주고 있지.

카노사의 굴욕 오늘날 독일 지역의 왕이 교황이 머물고 있는 카노사성으로 찾아가 무릎을 꿇은 채 용서를 구하고 있어. 이후 교황은 신의 대리자이자 국왕의 심판자로서, 종교는 물론 정치적으로도 강력한 힘을 발휘했지.

왕을 크리스트교도로 인정하지 않겠다고 선언한 거야. 하느님에게 구원받는 길을 막는 것으로, 당시에는 사형보다 무서운 벌이었지. 왕은 눈 덮인 알프스산맥을 넘어 교황이 머무는 카노사성으로 찾아갔어. 왕이 며칠 동안 용서를 구하자, 교황은 파문을 취소했어. 왕권보다 교황권이 강했음을 보여 준 이 사건을 '카노사의 굴욕'이라고 해.

4 크리스트교 세상

크리스트교, 삶의 중심이 되다

크리스트교는 사람들이 믿는 종교 이상이었어. 일상생활 하나하나를 결정하는 기준이자, 강력한 법이었지. 탄생, 성장, 결혼, 죽음 등 삶의 과정 모두가 교회에서 이루어졌으니까.

"우리는 교회를 떠나서는 태어날 수도 없고, 죽을 수도 없다."

학문에서도 크리스트교가 힘을 발휘했어. 오랜 기간 최강자 자리를 지켜 온 철학을 밀어내고, 신학이 학문의 왕 자리를 차지했지.

"철학은 신학의 시녀이다."

철학을 포함한 모든 사상은 신학을 설명하기 위한 수단에 불과했어.

교육의 중심도 교회와 수도원이었지. 여기서 운영하는 학교가 '스콜라'인데, 오늘날 학교를 뜻하는 영어 '스쿨'도 여기서 비롯된

이탈리아 피사 성당
로마인의 건축 양식인 '로마네스크 양식' 교회로, 벽은 두껍고, 창문은 작아. 반원 모양 아치와 지붕도 빼놓을 수 없는 특징으로 꼽히지.

거야. 문법, 수학, 음악 등도 가르쳤는데, 이탈리아 볼로냐 대학, 프랑스 파리 대학 등이 이름을 날렸지.

건축물도 교회가 대부분이었어. 처음에는 주로 로마 교회를 본떴지. 쓰러질 듯 기울어진 탑으로 유명한 이탈리아 피사 성당이 대표적이야. 차츰 '고딕 양식'이 유행했어. 프랑스 노트르담 성당과 독일 쾰른 성당이 대표적이지. 사람들은 하늘로 솟은 높고 뾰족한 탑에 자신들의 소망을 담았어.

"저 뾰족한 탑처럼 하느님이 계신 천국에 가까이 가고 싶다."

프랑스 노트르담 성당 고딕 양식은 게르만족의 하나인 '고트족의 양식'을 말한단다. 하늘로 높이 솟은 뾰족한 탑과 화려한 그림으로 장식된 큰 창문이 특징이지.

노트르담 성당의 스테인드글라스
스테인드글라스는 어두운 교회 내부 공간을 오색찬란한 빛의 공간으로 바꾸었어. 이는 보는 이에게 신비스런 느낌을 주어 종교적 감정을 상승시켰지.

저 건물을 보면 성령이 충만해져.

할렐루야!

출발! 세계 속으로

영국 워릭에서 옛날 성을 체험하다

"영화에서 왕이 사는 멋진 성을 본 적 있니? 만화나 동화 속에서도 왕자와 공주가 사랑을 나누는 배경으로 자주 나오지."

"네, 신데렐라에도 나오고요. 놀이공원에서도 봤어요."

"그렇구나. 오늘 우리가 둘러볼 곳은 런던 근처에 있는 '워릭성'이야. 약 900년 전에 만들어졌단다."

"이쪽이 들어가는 곳이구나."

"벽이 엄청 높네요. 튼튼해 보이고요."

워릭성 전경 1068년 윌리엄 1세가 예전의 요새가 있던 자리에 건설한 성이야. 윈저성과 비교될 만큼 웅장해서 유명하단다.

"성은 기본적으로 외적 침입을 막기 위한 방어 시설이니까 적이 쳐들어오기 어려운 산꼭대기나 절벽에 있어. 이곳처럼 성 둘레에 물을 가득 채운 수로가 있는 곳이 많단다. 성 안쪽에서 다리를 내려 줘야 안으로 들어갈 수 있었지."

"이제 안으로 들어가자."

"아빠 저기 활을 쏴요. 우리도 해 볼래요."

"그러렴. 성을 공격할 때는 바퀴가 달린 높은 탑을 이용해 가까이 다가가 활을 쐈어. 사다리로 성벽을 오르거나 땅을 파서 안으로 들어가기도 했지. 긴 통나무 끝에 쇠를 붙여 성문을 부수거나 새총의 원리를 이용해 성안으로 돌을 날리기도 했어. 총과 대포가 발명되기 전까지는 큰 효과를 보지 못했지."

"그럼, 매일 전쟁만 했나요?"

"아니, 평상시에는 성 밖에서 농사를 지었어. 외적이 쳐들어오면, 필요한 것을 성 안으로 챙겨 들어가 살았지. 성안에는 성주는 물론, 농민들이 살 집과 곡식을 저장할 창고가 있었거든. 방앗간, 빵을 굽는 가마와 교회도 있었어. 성은 안전지대이자, 생활이 가능한 또 하나의 완벽한 마을이었던 거야."

"그래서 여기저기 건물이 많은 거구나."

"맞아. 건물 곳곳에 옛 사람들의 생활 모습을 꾸며 놓았으니, 천천히 살펴보렴."

성 안으로 들어가 보자.

워릭성 건물 안 모습 건물 곳곳에 900년 전 생활 모습을 재현해 놓아 참 재미있어. 사람이 불쑥 튀어나와 설명을 해 주기도 하고, 직접 체험해 볼 수 있는 것도 많단다.

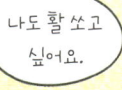

나도 활 쏘고 싶어요.

4 크리스트교 세상

> 한 걸음 더!

기사, 서양의 중심 세력이 되다

갑옷과 투구를 갖추고, 긴 창을 앞세워 말달리는 기사 모습, 상상만 해도 멋지지 않니? 누구나 기사가 될 수 있는 건 아니었어. 귀족이어야 가능했지. 이들에게는 어떤 상황에서도 물러서지 않는 용맹함과 여러 가지 윤리가 필요했어. 그럼 소년이 어떻게 기사로 키워졌고, 어떤 일을 했는지 알아보자.

기사가 되려면 7~8세 즈음 어머니 곁을 떠나야 했어. 7년 동안 소년은 말타기 등을 몸에 익히고, 귀부인의 시중을 들면서 명예, 사랑, 종교, 음악 등 기본적인 덕목을 배웠지. 14~15세가 되면 말 사육, 창검술 등 본격적인 군사 훈련을 받았어. 다시 7년이 흐른 뒤에야 소년은 기사 임명식을 통해 어른으로 인정받았지.

기사 훈련 어린 소년들이 기사가 되기 위해 군사 훈련을 하는 모습이야. 기사가 되기 위해서는 오늘날 '신사도'라고 불리는 여러 가지 덕목을 갖추어야 했어. 물론 전쟁에서 이기는 법을 배우는 것이 가장 중요했지.

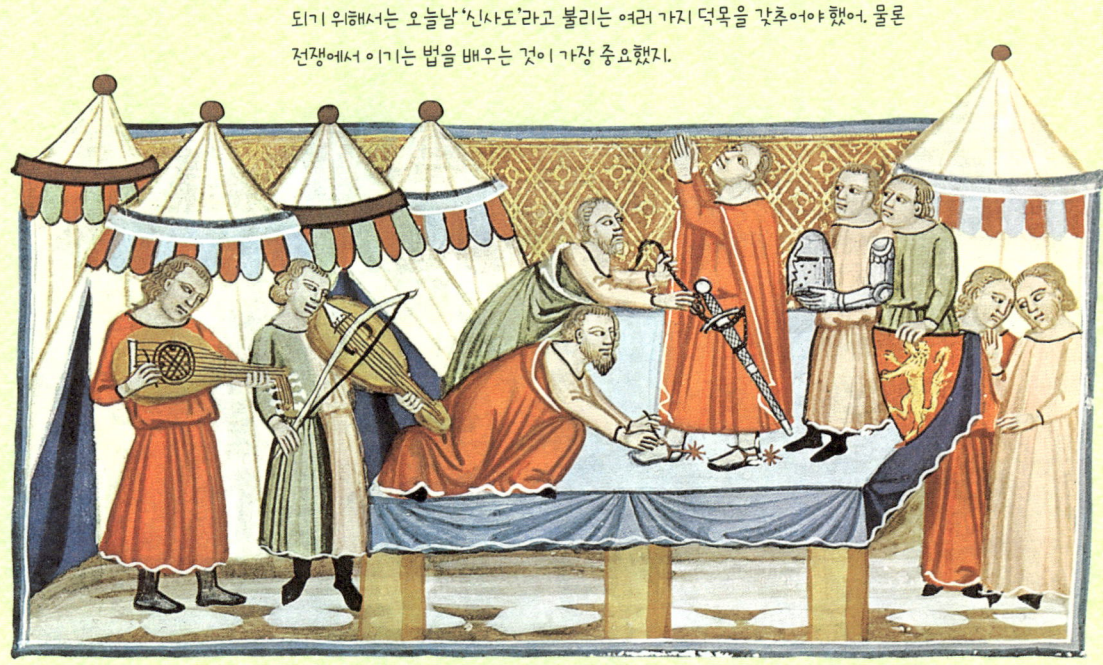

청년은 많은 사람이 지켜보는 앞에서 무릎을 꿇고, 맹세했어.

"나는 기사로서 크리스트교와 힘없는 자를 보호하겠습니다."

영주는 그의 어깨를 두드리며 선언했지.

"그대를 정식 기사로 인정하노라."

기사는 자신보다 세력이 큰 자를 주군으로 섬기며, 그의 요청에 따라 전쟁터에 나가 싸웠어. 〈아서왕 이야기〉나 〈니벨룽겐의 노래〉 등은 이들의 활약을 담은 이야기야. 기사들은 전쟁이 없을 때 사냥과 마상 시합으로 시간을 보냈어.

마상 시합에 나가는 기사 전쟁이 없을 때 기사들은 마상 시합을 통해 전투력을 유지했어. 많은 사람이 응원하며 이를 지켜봤는데, 오늘날 스포츠 경기에서 한 번 지면 탈락하는 방식인 토너먼트가 바로 여기에서 비롯되었지.

4 크리스트교 세상

영주와 다르지 않을 정도로 힘을 잃은 유럽 여러 나라 왕들의 모습, 바로 앞에서 살펴봤으니, 기억하고 있지? 이민족에게 왕의 자리를 빼앗긴 자도 있고, 나라를 보존했다 하더라도 교황에게 밀리고, 영주에게도 왕으로서의 대접을 받지 못했지. 그런데 이들이 다시 강한 권력자로 되살아났어. 어떻게 가능했을까? 지금부터 그 과정을 함께 알아보자.

1096년
십자군 전쟁(~1270년)

1337년
영국과 프랑스, 백년 전쟁(~1453년)

1309년
아비뇽 유수(~1377년)

5 왕권의 회복

1347년
흑사병 유행(~1351년)

1453년
비잔티움 제국, 오스만 제국에게 멸망

1455년
영국, 장미 전쟁(~1485년)

1479년
에스파냐 왕국 탄생

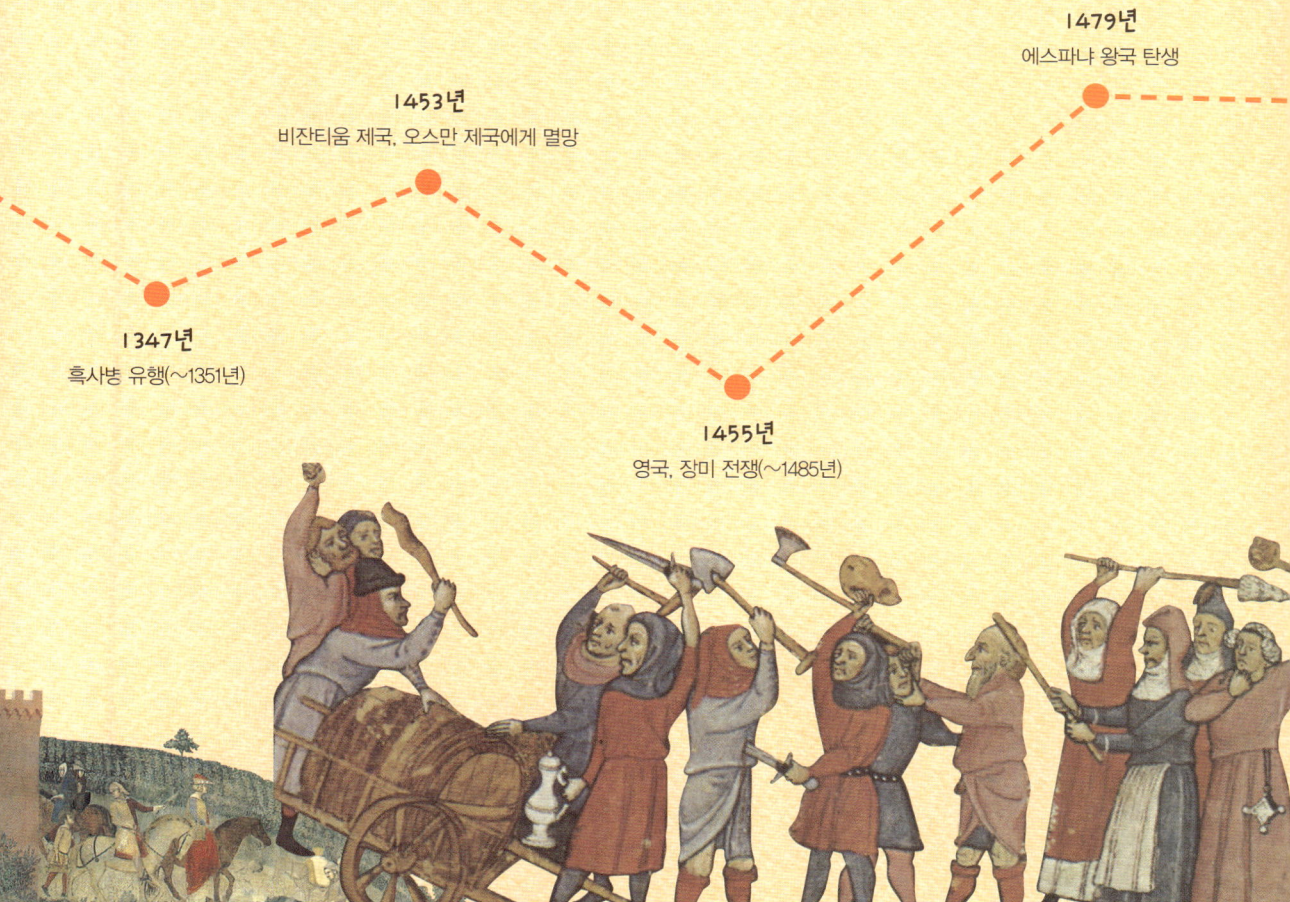

십자군 원정 실패로 교황권이 약해지다

서유럽 크리스트교도들은 예루살렘을 성스럽게 여겼어. 그곳에 예수 무덤이 있었거든. 이슬람 세력이 이 땅을 차지한 뒤에는 자유롭게 가기가 힘들었지. 이슬람 세력은 비잔티움 제국까지 위협했어. 비잔티움 제국 황제는 로마 교황과 사이가 좋지 않았지만, 어쩔 수 없이 도움을 요청했어. 1095년, 프랑스 작은 마을에서 교황이 입을 열었어.

"예루살렘에서 이슬람 세력을 몰아냅시다. 이를 위해 하느님의 칼과 방패가 됩시다."

영주, 기사, 상인, 농부 등 많은 사람이 나섰어. 크리스트교에 대한 믿음이 강했기 때문이지만, 명예, 땅, 돈 등을 얻을 수 있는 기회로 여긴 자도 적지 않았지.

십자군 원정 십자군은 '십자가를 새긴 하느님의 군대'였어. 200년 동안 일곱 차례나 원정을 나섰단다.

십자군의 만행 십자군이 예루살렘을 점령한 뒤 살인과 약탈을 저지르고 있어. 이는 십자군 원정이 예루살렘을 되찾기 위한 성스러운 전쟁과 거리가 멀었음을 보여 주지.

그래서였을까? 하느님의 군대인 십자군도 다른 전쟁의 병사들처럼 사람을 마구 죽이고, 재물을 빼앗았어. 심지어 같은 크리스트교 국가인 비잔티움 제국의 콘스탄티노플을 공격하고, 십자군이 된 소년들을 이집트로 끌고 가 노예로 팔기도 했지.

십자군 원정은 실패로 끝났지만, 서유럽에 미친 영향은 대단했어. 정치적으로는 왕권이 다시 강해지는 계기가 되었어. 원정을 이끈 교황의 권위가 크게 떨어졌고, 원정에 참여한 영주와 기사의 희생이 컸거든. 경제적으로는 동방 무역이 되살아났어. 비잔티움 제국이 보존하고 있던 그리스 철학과 이슬람 세력에게 받아들인 과학 기술이 전해지면서 문화도 한층 풍부해졌지.

상업과 도시가 활기를 되찾다

11세기, 깊은 잠에 빠져 있던 상업이 기지개를 켰어.

"밀과 콩 사세요. 채소도 아주 싱싱해요."

농사 경험이 쌓이면서 수확량이 늘어나자, 이를 내다 팔기 시작한 거야. 상거래가 되살아나자, 멀리서 물건을 들여오는 상인이 생기고, 사람들이 모이기 편한 길목에 시장이 들어섰지. 그릇과 잔, 옷과 구두 등을 만드는 기술자들도 하나둘 모여들었어.

주머니가 두둑해진 상공업자는 도적의 침입을 막기 위해 성을 만들었어. 이를 '부르크'라고 하지. 훗날 상공업자는 '부르주아'라고 불렸는데, 이는 '성에 사는 사람'이라는 뜻이야. 성이 들어서자, 도시 모습이 갖추어졌어. 대부분의 도시에는 2000~3000명 정도가 살았지.

도시의 성장 상공업 중심지로 발전해 가는 이탈리아 도시 모습이야. 왼쪽 성안에 즐비하게 들어선 상점에는 갖가지 물건을 사고파는 사람들이 가득했어. 오른쪽 성 밖에서 농사짓는 모습이 성안과 대조적이지.

도시 상공업자들은 영주의 지배에서 벗어나길 원했어.

"멀리 장사를 떠날 때면, 가는 곳마다 그곳 영주들에게 세금을 내야 하니 남는 게 없어."

"그러게 말이야. 세금은 또 왜 이리 많은 거야."

이들은 영주에게 돈을 주고 스스로 도시를 이끌어 갈 수 있는 권리, 즉 '자치권'을 샀어. 돈으로 병사를 모아 영주와 싸우기도 했지.

12세기 대부분의 도시들이 자유를 얻었는데, 자치 도시는 농노에게 자유민이 되는 길을 열어 주었어. 농노가 장원에서 도망쳐 도시에서 1년을 넘게 살면, 자유민이 되었거든.

농노, 장원의 뿌리를 뒤흔들다

상업과 도시 발달은 장원에 변화를 불러왔어. 돈이 많이 필요했던 영주들은 농노에게 노동력이나 농산물 대신 화폐를 받기 시작했고, 돈을 받고 농노를 풀어 주기도 했지.

14세기 큰 재앙이 유럽을 덮쳤어. 감염되면 피부가 검푸르게 변해 죽는 '흑사병'이 유행한 거야. 유럽 전체 인구의 3분의 1이 죽었는데, 살아남은 사람들이 할 수 있는 건 두려움에 떨면서 나뒹구는 시체를 불태우는

〈죽음의 승리〉 피터 브뤼헐이 흑사병이 휩쓸고 지나간 마을을 그린 작품이야. 수레에는 이미 해골이 가득하고, 곳곳에 시체가 널려 있어. 흑사병이 할퀴고 간 상처는 그 어느 전쟁이 남긴 피해보다 컸단다.

일뿐이었어.

"더 이상 희망은 없다. 신께서 우리를 버리셨다."

인구가 줄어 농노를 구하기 어려워지자, 영주는 농노들에게 이전보다 나은 대우를 해 주어야 했지.

일부 영주들은 농노를 전보다 심하게 괴롭혔어. 더 많은 것을 빼앗아 어려움을 이겨 내려 한 거지. 농노는 적극적으로 저항했어. 영주에게 맞서서 들고일어난 거야.

"영주들은 약속 이외의 세금을 요구하지 마라!"

프랑스에서는 '자크리의 난'이 일어났어. 영국에서는 농민군 지도자인 '와트 타일러'가 농노들과 함께 런던까지 쳐들어갔지. 이는 모두 실패했지만, 농민의 크고 작은 저항이 곳곳에서 이어졌어. 자유를 향한 저항이 영주와 장원을 뒤흔든 거야.

자크리의 난 프랑스 농민들이 농기구를 들고, 세금을 올린 영주를 공격하러 나서고 있어. 바로 1358년에 일어난 '자크리의 난'을 그린 거란다. '자크리'는 프랑스 귀족들이 농민을 업신여겨 '자크'라고 부르던 것에서 비롯되었어.

국왕, 다시 세상의 중심이 되다

교황과 영주의 힘이 약해지자, 서유럽 왕들은 강력한 힘을 되찾기 위해 나섰어. 프랑스에 많은 땅을 가지고 있던 영국 왕은 프랑스 왕의 자리를 이어받겠다며 프랑스와 전쟁을 벌였지. '백년 전쟁'이야. 전쟁은 영국의 승리로 싱겁게 끝나는 듯했으나, 영국에 퍼진 흑사병과 프랑스의 '잔 다르크'가 활약하면서 역전되었고, 프랑스가 승리했지.

백년 전쟁은 프랑스 왕의 힘을 크게 강화시켰어. 영주와 기사가 많이

백년 전쟁 백년 전쟁 당시 프랑스군과 영국군이 싸우고 있어. 이 전쟁은 두 나라에서 귀족이 몰락하고, 왕권이 힘을 되찾는 결정적인 계기가 되었어.

희생되었고, 왕은 영국이 가지고 있던 프랑스 땅까지 차지했거든. 왕은 이 땅에서 거둔 세금으로 권력을 더욱 강력하게 만들었어.

"언제든 싸울 수 있는 왕의 군대와 관리들을 뽑겠노라."

많은 프랑스인이 왕의 병사와 관리가 되기 위해 줄을 섰지.

전쟁에서 진 영국 왕의 힘도 세졌어. 귀족들이 왕의 자리를 놓고 요크와 랭커스터 집안으로 갈라져 30년 동안 싸우면서 크게 약해졌거든. 두 집안이 흰 장미와 붉은 장미를 상징으로 사용했기에 '장미 전쟁'이라고 하지.

유럽의 서쪽 끝, 이베리아반도에서도 힘센 왕이 나타났어.

"우리 힘을 하나로 모아 이슬람 세력을 몰아냅시다."

귀족들이 적극적으로 호응했어. 이 과정에서 카스티야의 여왕과 아라곤 왕국의 왕이 결혼해 에스파냐가 만들어졌지. 포르투갈은 혼자만의 길을 걸었어. 이로써 영주들이 서유럽을 잘게 잘라 다스리던 시대가 가고, 왕의 세상이 다시 찾아왔지.

에스파냐 왕국의 탄생 이베리아반도는 8세기 이후 이슬람 세력의 지배를 받았으나, 11세기부터 이슬람 세력을 공격하기 시작했어. 사진은 카스티야 왕국의 이사벨과 아라곤 왕국의 페르난도가 1492년에 이슬람 세력의 마지막 근거지인 그라나다를 점령하는 모습이야.

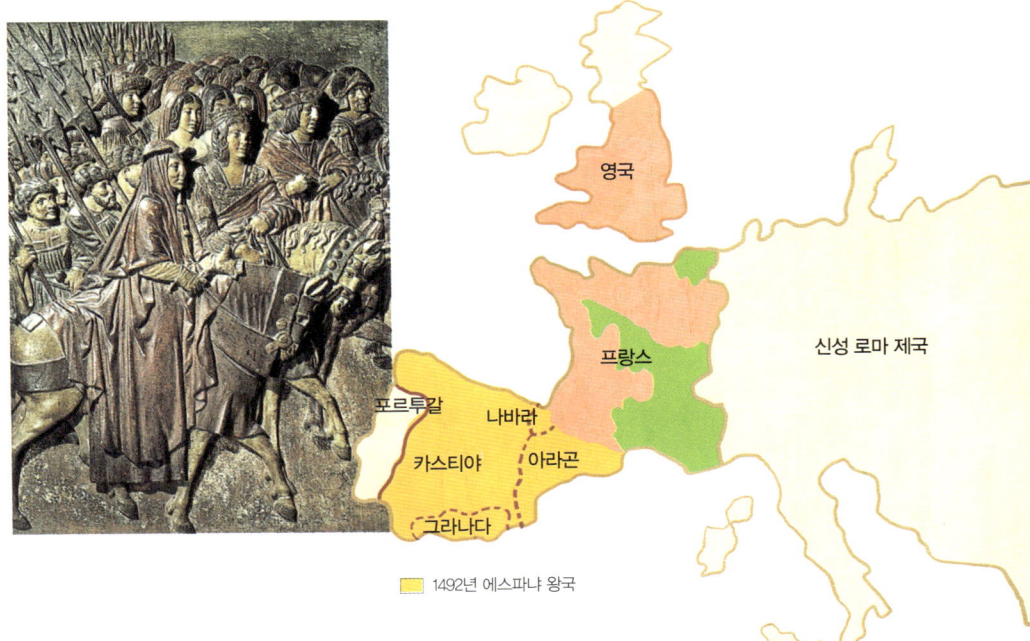

■ 1492년 에스파냐 왕국

출발! 세계 속으로

프랑스 아비뇽에서
또 다른 교황을 만나다

"여기는 프랑스 남부 아비뇽. 얼핏 봐서는 여느 도시와 다를 바 없지만, 성벽 안 마을로 들어가면, 오래전 시골을 그대로 옮겨 놓은 듯해. 아주 포근한 느낌을 주지."

"아빠, 여기선 어딜 가나요?"

"교황청부터 둘러보자."

"교황청이요? 그건 로마에 있잖아요?"

"맞아. 그런데 여기도 교황청이 있단다. 1309년, 프랑스 왕 필리프 4세가 교황을 이곳으로 잡아 왔거든. 1378년 이에 반발해 로마에서 새 교황을 뽑았고, 1417년 두 교황의 경쟁은 로마 교황의 승리로 끝났지."

아비뇽 교황청 1309~1377년까지 7명의 교황이 머물렀어. 높이 50미터, 두께 4미터로, 유럽에서 제일 큰 고딕 양식의 성이야. 옛 모습을 그대로 유지하고 있는데, 내부에는 예배당과 벽화 등이 남아 있단다.

교황청이야.

"자세히 보면 볼거리가 많지."

"그럼, 아비뇽 교황청은 잡혀 온 교황이 생활했던 곳이네요?"

"그렇지. 교황이 프랑스 왕의 포로로 지낸 슬픈 역사를 간직한 곳이지."

"건물 크기는 엄청난데요."

"남아 있는 게 많지 않지만, 예배당, 회랑, 프레스코 벽화, 교황의 개인 숙소 등 볼거리가 있으니, 잘 살펴보렴."

생 베네제 다리 교황청과 함께 아비뇽의 대표적인 명소야. 흔히 '아비뇽 다리'라고 불리지. 론강이 만들어 주는 시원한 바람과 그림 같은 풍경을 보기 위해 사람들이 즐겨 찾는 곳이야.

"저쪽 강에 다리 보이지? 거기로 가 볼까?"

"금방 도착했네. 12세기 '베네제'라는 양치기 소년이 신의 가르침을 듣고 엄청난 힘을 발휘하자, 이를 지켜보던 사람들이 함께 만들었다고 해."

"그런데 다리가 끊어져 있어요."

"다리가 끊겼어요."

"22개의 아치를 가진 900미터 다리였는데, 거친 물살에 4개 아치만 남은 거란다."

"저녁 먹고, 밤에는 연극 한 편 보자꾸나."

"갑자기 연극은 왜요?"

"지금이 연극 축제 기간이야. 아비뇽 축제는 영국 에든버러 축제와 함께 세계적인 연극 축제로 손꼽힌단다. 요즘에는 뮤지컬, 무용 등 다양한 공연이 열려. 누구나 무대에 오를 수 있으니, 우리 딸들이 예쁜 한복을 차려입고 풍물을 쳐 보는 건 어떨까? 너희가 좋아하는 걸 그룹을 불러 봐도 좋겠네."

5 왕권의 회복 81

한 걸음 더!

잔 다르크, 프랑스를 구하다

잔 다르크는 1412년에 프랑스 동부의 작은 마을에서 농부의 딸로 태어났어. 프랑스와 영국의 백년 전쟁이 뜨겁게 달아올랐을 때였지. 17살이 되던 해에 그녀는 신의 목소리를 들었다고 해.

"위기에 처한 프랑스를 구하라."

이를 운명으로 받아들인 잔 다르크는 샤를 왕자를 찾아갔어.

오를레앙 전투 승리 후 잔 다르크 잔 다르크가 전투에서 승리하고 돌아오는 모습이야. 그녀의 활약은 프랑스 국민에게 용기를 주어 프랑스가 승리하는 계기가 되었어.

화형당하는 잔 다르크
백년 전쟁의 승리를 보지 못하고 죽었으나,
오늘날까지도 나라를 구한 영웅으로,
프랑스 국민들의 사랑과 존경을 받고 있어.

그녀는 왕자를 설득해 얻은 병사들을 이끌고 오를레앙으로 향했지. 그곳에서도 프랑스가 영국에게 밀리고 있었거든.

"병사들이여, 힘을 다해 싸워 프랑스를 지키자!"

17살 소녀가 목숨을 걸고 나서자, 프랑스군은 힘을 내 오를레앙에서 승리했어.

이후에도 잔 다르크의 활약은 계속되었어.

"전쟁에서 이기려면, 모든 국민의 힘을 하나로 모아야 합니다."

그녀의 호소에 감동한 프랑스 국민들이 하나가 되어 싸우자, 전쟁이 프랑스에 유리하게 바뀌었어.

1430년 그녀를 사로잡은 영국이 그녀를 풀어 주는 대가로 엄청난 돈을 요구했는데, 프랑스 왕은 이를 거부했어. 자신보다 인기가 높은 그녀를 시기한 거야. 영국은 그녀를 마녀로 몰아 불태워 죽였단다. 그녀는 죽었지만, 프랑스의 승리는 잔 다르크가 있었기에 가능한 일이었어.

<모나리자>라는 그림 본 적 있니? '레오나르도 다빈치'가 이탈리아 상인의 부인을 그린 거라고 해. 요즘 인기 있는 걸 그룹이나 영화배우와 비교하면, 예쁘다고 생각되지 않지만 미소가 환상적인 그림으로 유명하지. 당시 예술과 과학의 우수성을 잘 담은 르네상스 대표 작품이라고 평가받고 있어. '르네상스'가 무엇이기에 당시 사람들은 이웃집 아줌마를 그린 것 같은 이 그림을 대단하다고 하는 걸까?

1265년 단테 탄생

1313년경 보카치오 탄생

1452년 레오나르도 다빈치 탄생

1466년 에라스뮈스 탄생

6
예술과 과학
르네상스

1475년
미켈란젤로 탄생

1483년
라파엘로 탄생

1478년
토머스 모어 탄생

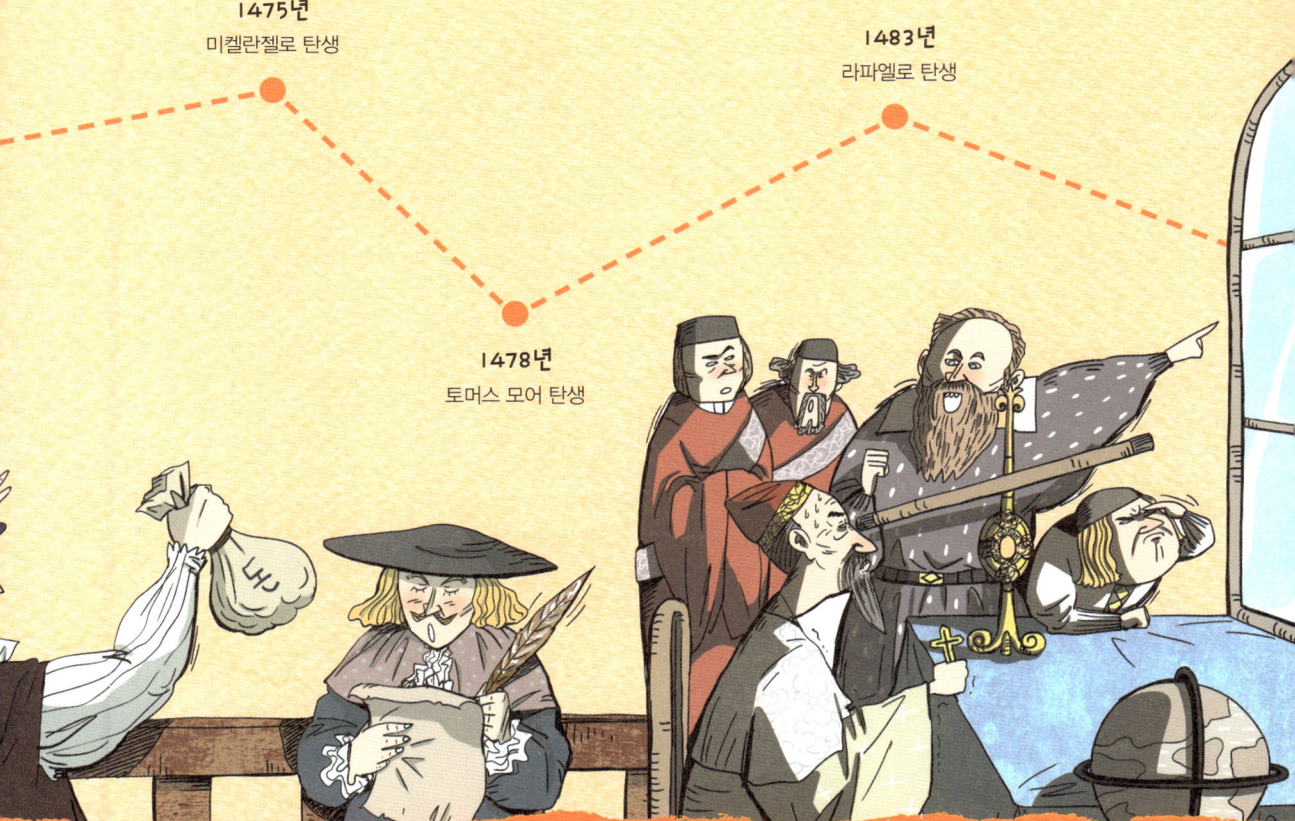

들어는 봤니? 르네상스!

로마가 망한 후 이탈리아반도는 여러 개 왕국과 도시 국가로 나뉘었어. 상업도 쇠퇴했다가 1300년 무렵에 활기를 되찾았어. 계피, 후추 등 동방 향신료가 비싼 값에 불티나게 팔리자, 이탈리아 여러 도시 상인들이 지중해를 오가며 들여왔거든. 밀라노, 베네치아, 피렌체 등은 유럽을 대표하는 부자 도시가 되었지.

이 도시 상인들은 자부심이 컸어.

"내가 세상에서 가장 아름다운 도시의 주인이야."

자신과 도시 이름을 드높이기 위해 문학가와 예술가에게 엄청난 돈을 쏟아부었어. 크고 화려한 건축물도 많이 만들었지. 이들 도시에는 문화와 예술이 활짝 꽃피었어.

한동안 유럽의 문학과 예술은 신에 대한 존경을 담은 것이 대부분이었어. 신에게 잘 보여 천국에 가는 것을 무엇보다 중요하게 생각했으니까. 14세기 이탈리아

르네상스 시기의 이탈리아반도
르네상스는 이탈리아 여러 도시의 경제적 부를 바탕으로 일어났어. 1453년에 비잔티움 제국이 망한 뒤 이탈리아로 온 학자와 예술가들이 르네상스를 더욱 풍요롭게 했단다.

도시의 예술가들은 달랐어.

"지금 행복하게 사는 것도 죽은 뒤 천국에 가는 것만큼 중요해."

이들은 신에서 사람에게 관심을 돌렸어. 그리스와 로마 사람들처럼 인간의 이성을 연구하고, 인간의 육체를 아름답게 그리고 조각했지. 이러한 움직임을 '르네상스'라고 해. 르네상스는 프랑스어로 '다시 되살아난다.'는 뜻으로, 인간 중심의 그리스·로마 문화를 되살리려는 운동이었어.

이탈리아의 베네치아 많은 배가 드나드는 베네치아 항구의 모습이야. 이탈리아 상인들은 이슬람 세력에게 향신료 등 동방 물품을 들여와 벌어들인 돈으로 문인과 예술가를 지원하고, 도시를 화려하게 꾸몄어.

이탈리아에서 르네상스가 일어나다

　15세기, 이탈리아 도시에서 그리스와 로마 문화 공부가 유행했어. 문학가는 그리스어와 라틴어를 배워 그리스와 로마 책을 읽었지. 인간의 존엄성과 개성을 표현한 글을 보고 감탄했어. 이들을 '인문주의자'라고 하는데, 영어로는 '휴머니스트'야.

　대표적인 인물이 《신곡》을 쓴 '단테'야. 《신곡》은 '나이가 들어서도 방황하던 단테가 로마 시인 베르길리우스와 그의 연인 베아트리체에게 이끌려 천국에 간다.'는 내용을 담고 있단다. 제목은 '신곡' 즉, '신의 노래'지만, 교회와 성직자를 비판하고, 인간의 감정을 담았다는 점에서 신을 찬양하던 이전과는 많이 달랐지.

《신곡》을 그린 그림
《신곡》은 르네상스 시기 인문주의자인 단테의 대표적인 작품이야. 지옥과 천국을 오가며 겪은 이야기를 담고 있는데, 그림은 단테가 베르길리우스와 함께 지하 세계를 지나가는 장면이란다.

그리스 신화의 세 여신 첫 번째는 그리스 도시 국가의 벽화이고, 두 번째는 르네상스 시기 직전의 그림, 세 번째는 르네상스 시기의 화가인 보티첼리의 <봄> 중 일부란다. 두 번째 그림과 달리, 첫 번째와 세 번째 그림에서는 육체의 아름다움을 있는 그대로 표현하고 있어.

《데카메론》을 쓴 '보카치오'도 빼놓을 수 없어. '데카'는 '10', '메론'은 '이야기'라는 뜻으로, 흑사병을 피해 피렌체 교외 별장에 머문 7명의 숙녀와 3명의 신사가 10일 동안 주고받은 100가지 이야기를 담고 있지. 이전에는 감추는 것이 당연했던 남녀의 성과 사랑, 모험 등에 대한 감정을 솔직하게 표현했어. 상류 사회 비판도 들어 있지.

사람의 감정과 육체의 아름다움을 강조한 특징은 예술에서 더욱 뚜렷하게 나타났어. 매혹적인 미소로 유명한 레오나르도 다빈치의 <모나리자>, 이스라엘을 위기에서 구해 낸 다윗의 모습을 균형 잡힌 그리스 조각으로 재현한 미켈란젤로의 <다비드 상>, 소크라테스, 피타고라스, 유클리드 등 그리스를 대표하는 54명의 학자가 등장하는 라파엘로의 <아테네 학당> 등 너무 많아 일일이 이름을 대기가 힘들 정도야.

르네상스, 유럽 곳곳으로 퍼져 나가다

이탈리아에서 시작된 르네상스는 독일, 프랑스, 영국 등으로 퍼져 나갔어. 특히, 이들 나라 인문주의자들은 크리스트교를 풍자하고, 사회를 비판하는 작품을 많이 썼단다. 그리스와 로마 작품에 담긴 인간의 이성으로 현실을 바라보니, 문제점이 많았던 거지.

대표적인 인물이 《우신예찬》을 쓴 네덜란드의 신학자 '에라스뮈스'야. 제목이 '어리석은 신을 찬양한다.'는 뜻이니, 내용은 짐작이 가겠지? 그래, 교회와 성직자의 문제점을 비판했어. 신의 뜻을 올바르게 실천하자고 주장했을 뿐, 크리스트교를 부정한 건 아니란다.

검열로 지워진 인문주의자의 글

에라스뮈스 '신의 뜻대로 세상이 흘러간다.'는 입장에 반대하여 인간의 자유와 의지를 강조했어. 네덜란드에서는 물론 16세기 유럽 최고의 인문주의자로 손꼽힌단다.

《유토피아》의 삽화 토머스 모어의 《유토피아》에 담긴 그림이야. 그는 영국 왕이 영국 교회의 우두머리가 되는 것에 반대해 처형되었으나, 유럽 인문주의자들이 사회를 비판하고, 새로운 사회상을 제시하는 데 길잡이 역할을 했어.

　《유토피아》를 쓴 영국 대법관 '토머스 모어'도 유명해. 그리스어로 '유'는 '없는', '토피아'는 '장소'라는 뜻이야. '세상 어디에도 없는 이상적인 세계'를 그린 거지. 모두가 부를 나누고, 남녀가 평등하게 교육받으며, 원하는 종교를 선택하는 꿈을 담았어. 빈부 차이가 크고, 남녀 차별이 심하며, 종교의 자유가 없던 영국의 현실을 비판한 거지.

　이 작품들은 인간과 사회에 대한 생각을 드러내지 못하고, 신에 대한 믿음만을 강조하는 삶을 강요받아 온 사람들을 변화시켰어.

　"그래, 내 생각과 마음대로 살아 보자."

　자신의 감정을 마음껏 표현하기 시작한 거야. 인간과 사회에 대한 비판과 상상이 자유로운 세상을 연 거지.

6 예술과 과학 르네상스

과학 발전, 르네상스에 힘을 더하다

르네상스 시기 사람들은 교회의 주장을 무조건 받아들이지 않았어. 인간과 자연을 스스로 바라보고, 이를 통해 깨우침을 얻는 것을 소중하게 여겼단다. 따라서 과학이 크게 발달했어. 이때 이루어진 새로운 발견들을 '과학 혁명'이라고 해.

대표적인 과학자는 폴란드 천문학자 '코페르니쿠스'야.

"우주의 중심은 지구가 아니라 태양이야. 지구 역시 다른 별과 함께 태양 주위를 돌고 있어."

지금은 누구나 아는 사실이지만, 당시에는 크리스트교의 우주관을 뒤집는 혁신적인 주장이었지.

코페르니쿠스 교회는 "우주의 중심에는 지구가 있고, 그 아래 지옥이 있으며, 우주의 가장 높은 곳에 신이 사는 천국이 있다."라고 가르쳤어. 하지만 그는 이를 비판하고, "태양을 중심으로 지구가 돈다."라는 지동설을 주장했지.

이탈리아의 과학자 '갈릴레오 갈릴레이'는 이렇게 주장했어.
"신이 사는 하늘나라는 세상 어디에도 존재하지 않아."
자신이 만든 망원경으로 관찰한 결과였지.
'세상은 신이 아니라 자연법칙에 따라 움직이는 거로구나.'
사람들은 더 열심히 노력해 자연법칙을 찾아내고, 이를 통해 세상을 이해하려고 했어. 세상을 이끌어가는 것은 신이 아니라 바로 자신들이라고 믿기 시작한 거야.

갈릴레오 갈릴레이 | 갈릴레이가 자신이 직접 만든 천체 망원경의 사용법을 귀족들에게 설명하고 있어. 그 역시 코페르니쿠스처럼 지구가 우주의 중심이 아니라고 주장해 로마 교황과 날카롭게 대립했단다.

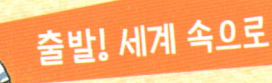

출발! 세계 속으로

꽃의 도시 이탈리아 피렌체를 가다

"여기는 이탈리아 피렌체!"

"아빠, 풍경이 참 예뻐요."

"14세기, 유럽과 동방을 연결하는 지중해 무역이 되살아나면서 크게 번영한 도시야. 교역으로 큰 도시답게 수백 년 동안 한자리를 지키며 명품을 만들어 내는 가게가 많단다. 고풍스러운 궁전, 성당 등 대리석 건축물도 많이 남아 있어. 1년 내내 관광객으로 북적이지. 우리도 슬슬 움직여 볼까?"

"여기가 피렌체 두오모야."

"두오모가 뭔데요?"

"성당이란다. 정식 이름은 '산타 마리아 델 피오레 성당'인데, '꽃의 성모 마리아를 모신 성당'이라는 뜻이지. 안으로 들어가 보자."

"와, 벽을 장식한 그림들이 대단한데요."

"둥근 돔 지붕도 개방되어 있으니, 올라가서 시내 전체를 내려다보렴."

"이젠 어딜 가나요?"

피렌체 전경 피렌체를 다스린 메디치 가문은 자신의 집안과 피렌체의 이름을 널리 알리기 위해 도시 전체를 아름답게 장식했어. 그래서 피렌체는 '꽃의 도시'라고 불린단다. 도시 어디서든 보이는 둥근 돔 지붕 건물이 피렌체 두오모야.

"너희가 좋아하는 미술관!"

"오케이!"

"여기가 우피치 미술관이야. 이탈리아에서는 물론, 전 세계적으로도 손꼽히는 곳이란다."

"왜요?"

"르네상스 시기 예술가들의 유명한 작품은 물론, 옛 그리스·로마의 조각과 그림들을 볼 수 있거든. 45개 전시관에 2500점의 작품이 있다고 하니, 쉬엄쉬엄 봐야 할 거야."

우피치 미술관 세계 최고의 르네상스 미술관으로 알려져 있어. '우피치'는 '사무실'이라는 뜻인데, 예전에 이 건물이 피렌체시 정부의 사무실로 사용되었기 때문이야.

"책에서 본 그림들도 있어요."

"그렇구나. 즐거운 마음으로 미술관을 둘러 본 뒤에 아빠랑 같이 예쁜 거리도 구경하고, 쇼핑도 하자꾸나. 피렌체 두오모 근처에 상점이 많거든. 비싼 건 못 사 주지만, 너희가 좋아하는 옷이나 장식품은 하나씩 사 주마."

"좋아요!"

"여기가 피렌체 두오모야."

"나도 두오모 있다."

한 걸음 더!

이탈리아 르네상스 미술의 대표자 3인을 만나다

　이탈리아 르네상스에서 가장 눈에 띄는 것은 미술이었어. 레오나르도 다빈치, 미켈란젤로, 라파엘로가 대표자로 손꼽히는데, 어디선가 한 번쯤 이름을 들어 봤을 거야. 이들이 오늘날까지도 많은 사람에게 사랑받고 있다는 증거지. 그럼, 이탈리아 최고 예술가들의 미술 작품을 함께 감상해 볼까?

　'레오나르도 다빈치'는 한마디로 천재였어. 화가이고 조각가이면서 수학자, 건축가, 해부학자이기도 했지. 풍부한 지식을 바탕으로 많은 작품을 만들었는데, 후원자의 눈치를 보지 않고 자신이 표현하고 싶은 것을 자유롭게 창조했단다. 〈최후의 만찬〉, 〈모나리자〉 등이 대표작이야.

〈최후의 만찬〉 밀라노 한 교회의 식당 벽에 그려진 벽화야. 예수가 열두 제자와 마지막으로 식사하는 장면을 담았단다. 예수를 중심으로 열두 명의 제자들이 배치되었는데, 뒤쪽 창문이 예수를 더욱 빛나는 존재로 만들고 있단다.

〈모나리자〉 이탈리아 피렌체에 살던 부자 상인의 부인을 그린 초상화야. 윤곽선을 흐리게 그려서 보는 시각에 따라 미소가 다르게 느껴지는 것으로 유명하지. 얼굴과 몸의 비율이 황금 비율을 이루는데, 이는 당시 과학 지식의 성과가 담긴 거라고 해.

<시스티나 예배당의 천장화> 미켈란젤로가 60세가 넘은 나이에 7년에 걸쳐 완성한 작품이야. 391명이나 되는 인물이 등장하는데, 가장 유명한 부분이 흔히 '천지 창조'라 불리는 '아담의 창조'야.

<피에타> 죽은 예수를 안고 슬픔에 잠긴 성모 마리아의 모습을 담은 조각이야. 피에타는 "자비를 베풀어 달라."는 뜻이지.

'미켈란젤로'는 어려서부터 미술에 남다른 재능과 열정을 보였어. 13살 때부터 전문적으로 조각을 배웠지. 피렌체 메디치 가문의 지원을 받았는데, 이를 계기로 많은 예술가를 사귀고, 고전 문학과 성경 등을 깊이 공부했단다. 그의 대표작은 〈시스티나 예배당의 천장화와 벽화〉, 〈피에타〉 등이야.

'라파엘로'는 주로 피렌체와 로마에서 활동했어. 〈성모자상〉으로 대표되는 온화한 인물화를 잘 그렸지. 그 역시 교황의 부름을 받아서 바티칸 궁전에 그림을 그렸어. 〈아테네 학당〉에는 그가 존경했던 위대한 철학자들이 등장한단다. 아쉽게도 그는 37세에 인생의 막을 내리고 말았는데, 성격이 활달했기에 당시 많은 사람이 슬퍼했다고 해.

<성모자상> 이전에도 화가들이 성모자상을 많이 그렸지만, 크리스트교의 확산과 교육을 위한 것이어서 생동감이 없고 딱딱한 그림이 대부분이었어. 그런데 라파엘로의 〈성모자상〉은 어머니와 아들의 표정, 감싸 안은 손길 등에서 서로에 대한 순수한 사랑과 친밀감이 느껴진단다.

너희, 혹시 예수님을 믿니? 믿는 친구도 있고, 믿지 않은 친구도 있겠지. 믿는 친구는 일요일 아침에 성당이나 교회에 갈 거야. 성당에서는 신부님과 수녀님을, 교회에서는 목사님을 만날 수 있지. 그런데 종교 개혁 운동이 일어나기 전에는 성당과 교회의 구분이 없었어. 교황을 비롯한 성직자의 잘못을 고치려다가 서로 싸우면서 교회가 생겨났거든. 자, 그럼 어떻게 이런 일이 벌어졌는지 함께 알아보자.

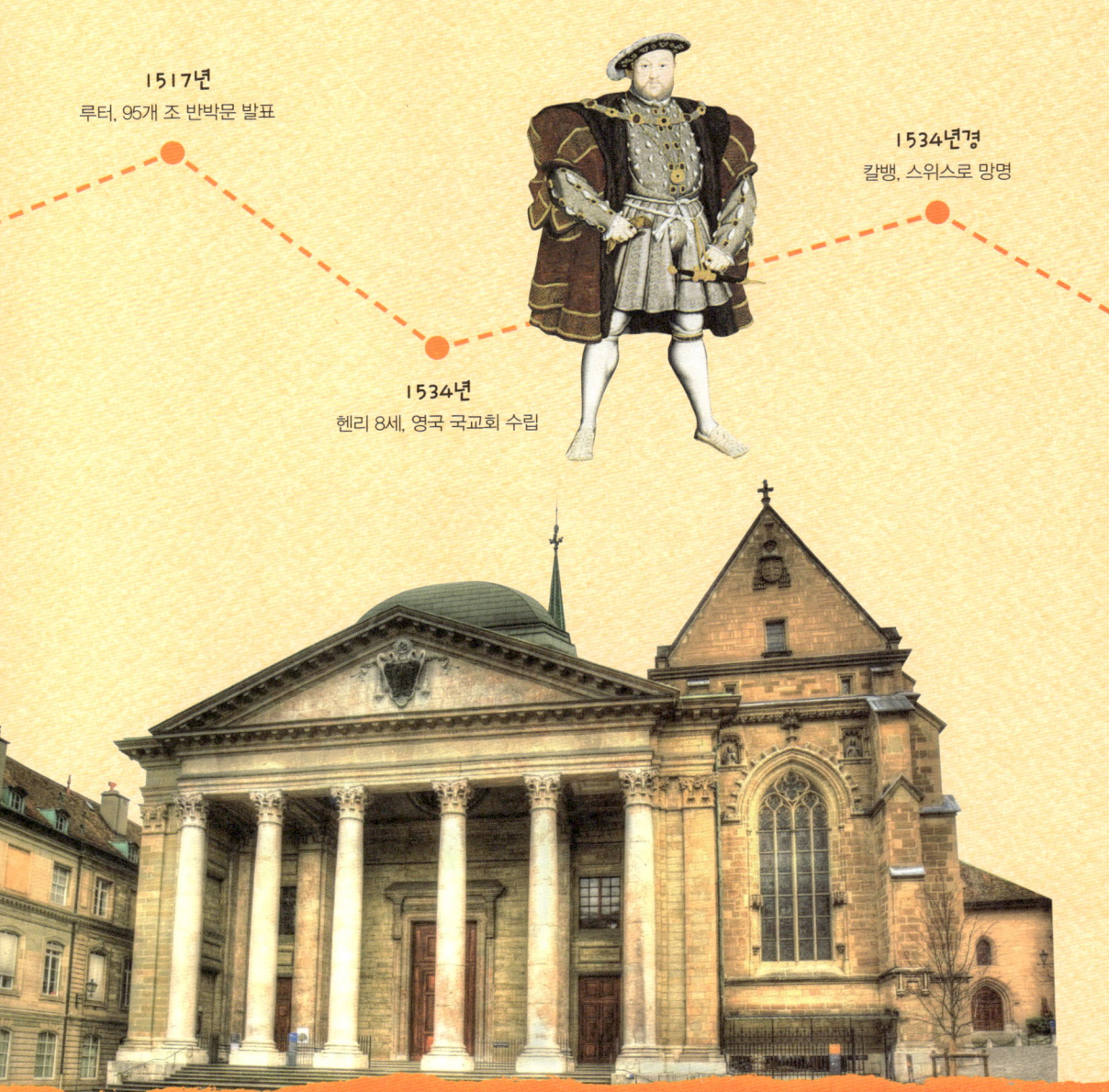

1517년
루터, 95개 조 반박문 발표

1534년
헨리 8세, 영국 국교회 수립

1534년경
칼뱅, 스위스로 망명

7 종교 개혁

1568년
네덜란드 독립 전쟁(~1648년)

1562년
프랑스, 위그노 전쟁(~1598년)

1618년
독일, 30년 전쟁(~1648년)

독일의 루터, 로마 가톨릭교회에 맞서다

14세기 유럽은 정말 엉망이었어. 굶주림, 전염병, 농민 봉기, 전쟁 등으로 많은 사람이 죽었거든. 사람들은 불안에 떨었지만, 교황을 비롯한 성직자들은 도움의 손길을 내밀기는커녕 돈벌이에만 관심을 가졌어. 대표적인 것이 죄를 없애 준다는 면벌부 판매였지.

"면벌부를 사면, 모든 죄를 용서받아 천국에 갈 수 있다."

1517년 10월 어느 날, '마르틴 루터'라는 신학자가 자신의 주장을 내걸었어.

면벌부 판매 면벌부는 벌을 면해 준다는 증명서야. 당시 로마 가톨릭교회는 "금화가 상자에 들어가 땡그랑 소리를 내는 순간, 죽은 자의 영혼이 모든 죄를 용서받고, 천국에 간다."라고 선전하며 대대적으로 면벌부를 팔았어.

루터와 그의 반박문 신학 교수이자 성직자였던 루터는 "교회가 신과 인간을 연결해 주고, 그 대표인 교황이 인간을 천국으로 이끄는 힘을 가졌다."라는 당시의 믿음을 부정했어.

"진실한 마음으로 뉘우치면, 면벌부 없이도 죄와 벌에서 자유로워진다."

그의 반박문에는 교회 문제점이 95개 조나 담겨 있었어. 교회에 맞서는 것을 상상하기 힘든 때였는데, 참으로 대단한 용기였지.

교황의 협박에도 루터는 뜻을 굽히지 않았어.

"신앙 생활에 교회나 성직자의 도움이 꼭 필요하지 않으며, 오직 성경만이 종교 생활의 진실한 안내자가 될 수 있다."

교황은 그를 파문하고, 독일 왕을 끌어들여 목숨까지 위협했어.

다행히도 독일의 여러 귀족이 그를 보호하고 나섰어. 교황과 왕의 간섭에서 벗어날 기회라고 생각했거든. 루터는 성경을 독일어로 번역했어. 사람들은 독일어로 예배를 보고, 찬송가를 불렀지. 이즈음 인쇄술이 발명되어 성경을 많이 만드는 것이 가능해졌어. 루터의 주장은 유럽 곳곳으로 퍼져 나갔지.

7 종교 개혁

칼뱅, 스위스에 민주적인 교회를 만들다

루터의 영향으로 유럽에 여러 종교 개혁가가 등장했어. 대표적인 인물이 스위스에서 활동한 프랑스 출신의 '장 칼뱅'이야. 그 역시 루터처럼 참된 신앙의 근거를 성경에서 찾았어. 성경에 나오지 않는 복잡한 미사 의식을 간소화해 설교와 기도, 찬송가만으로 예배를 진행했지.

교황의 권위도 인정하지 않았어. 화려한 조각과 그림 등으로 교회를 장식하는 것도 어리석은 짓이라 여겼지.

"신자들이 목사를 뽑게 하고, 모범적인 신자를 장로로 삼아 이들이 교회를 이끌도록 하자."

이는 새로운 교회가 유럽 곳곳으로 퍼져 나가는 데 큰 역할을 했어.

"누가 천국에 갈 것인지 신이 이미 정해 놓았다. 인간은 천국에 갈 것

성경의 권위 루터와 칼뱅이 교회의 의식과 성직자의 권위를 부정하고 선택한 것은 성경이었어. 이 목판화는 "성직자, 의식에 쓰였던 도구, 성인들이 남긴 물품 등을 모두 합쳐도 성경의 무게에 미치지 못한다."라는 믿음을 보여 주고 있어.

장 칼뱅 "신의 목소리는 교회가 아닌 성경에 담겨 있다."라고 주장해 교황의 권위를 부정한 종교 개혁가였어. "구원은 신에 의해 이미 결정되어 있다."라는 예정설을 주장한 것으로도 유명하지. 이는 "부자는 천국에 못 간다."라는 당시의 믿음을 부정하는 것이었어.

임을 굳게 믿고, 자신의 직업에 최선을 다하면서 검소하게 살라."

많은 사람이 칼뱅의 말을 지지했는데, 특히 상인과 수공업자가 적극적이었어. 로마 가톨릭교회는 재산을 모으는 것을 죄로 여겼지만, 사회적으로 성공해 부자가 되는 것은 신을 믿고 열심히 일하며 아끼면서 산 증거로 천국에 갈 표시가 되었으니까.

루터와 칼뱅을 믿고 따르는 자를 '프로테스탄트'라고 해. 영어로 '항의하는 사람'이라는 뜻인데, 로마 가톨릭교회의 면벌부 판매에 항의한 데서 나왔어. 이들이 만든 교회를 프로테스탄트 교회, 또는 새로운 교회인 '신교'라고 해. 로마 가톨릭교회는 오래된 교회 즉, '구교'라고 불렀어.

7 종교 개혁

영국의 왕, 영국 국교회를 만들다

영국 종교 개혁의 배경은 특이했어. 교회 부패가 아니라 왕의 이혼 문제로 시작되었거든. '헨리 8세'가 아들을 낳지 못한 왕비와 이혼하려 했는데, 로마 교황이 교회법을 들어 이를 허락하지 않았어. 화가 난 헨리 8세는 교황을 무시하고, 이혼한 뒤 새 왕비를 들였지.

이어 영국 교회를 로마 가톨릭교회에서 독립시켰어.

"영국 교회는 교황이 아니라 나의 지시를 따라야 한다."

1534년 영국 교회는 '영국 국교회'라는 이름으로 다시 태어났지. 왕은 의회 동의를 얻어 영국 국교회 우두머리가 되었어.

이후 왕이 선언했어.

"교황의 수도원을 없애고, 땅을 모두 빼앗는다."

영국 전체의 3분의 1이나 되는 어마어마한 땅을 왕이 차지했지. 이쯤 되면 종교 개혁이 종교적인 이유로만 일어난 게 아니라는 걸 알아차렸겠지? 국왕이 교황의 간섭에서 벗어나 자신의 힘을 키우려는 의도도 있었던 거야.

영국의 종교 개혁이 국왕의 이혼 문제로 시작되었기 때문일까? 영국 국교회의 교리는 로마 가톨릭교회와 크게 다르지 않았어. 성직자들도 자리를 그대로 유지했지. 이에 칼뱅의 교리에 따라 철저한 교회 개혁을 주장하는 사람들이 나왔어. 이들을 '청교도'라고 한단다.

헨리 8세 이혼 문제로 로마 교황과 충돌하면서 영국의 종교 개혁을 이끈 왕이야. 그는 첫 이혼 뒤에도 몇 명의 왕비를 더 바꾸었으나, 끝내 아들을 낳지 못했어.

종교 선택의 자유를 얻다

신교가 힘을 얻자, 로마 가톨릭교회도 팔을 걷고 나섰어.

"교회 역할도 성경만큼 중요하다. 착한 행동과 기부도 믿음만큼이나 구원에 도움을 준다. 교황이 세상에서 가장 큰 힘을 가졌으며, 성스러운 사람에 대한 기도와 성직자가 결혼하지 않는 것 역시 필요하다."

루터와 칼뱅의 주장을 비판한 거지.

성직을 사고파는 것과 성직자의 부패는 고치려고 했어. 이를 통해 로마 가톨릭교회는 자신감을 되찾았고, 신교가 더욱 널리 퍼지는 것을 막았어. 그러나 여전히 로마 가톨릭교회를 비판하는 책을 불태우고, 종교 재판을 통해 자신들과 생각이 다른 사람들을 처벌했단다.

갈등은 서로에 대한 공격으로 나타났어.

"교회와 수도원을 부수고, 교황을 지옥으로 보내자."

"로마 가톨릭교회를 공격하는 자들은 복수를 피할 수 없다."

유럽의 종교 분포 종교 전쟁 이후에도 유럽 남부에서는 여전히 로마 가톨릭교회가 큰 힘을 발휘했으나, 유럽 북부에서는 신교가 널리 퍼졌어. 루터파, 칼뱅파, 청교도(영국), 위그노(프랑스) 등은 모두 신교도를 가리키는 말이야.

→ 루터파의 전파
→ 칼뱅파의 전파
□ 영국 국교회
□ 프로테스탄트
□ 가톨릭

프랑스의 위그노 전쟁, 네덜란드 독립 전쟁, 독일의 30년 전쟁 등 종교 전쟁이 이어졌지.

이들을 종교 전쟁이라 부르지만, 사실은 왕위 계승권, 나라의 독립, 권력, 땅과도 관련이 깊었어.

"크리스트교도들끼리 이래서야 되겠는가?"

이 같은 반성으로 전쟁은 끝났고, 종교를 선택할 수 있는 길이 열렸어.

독일의 30년 전쟁 1648년 베스트팔렌 조약으로 신성 로마 제국의 지배를 받던 여러 나라가 종교의 자유를 얻게 되었어.

로마 가톨릭의 강요 프랑스의 신교도인 위그노가 가톨릭으로 개종하겠다는 서약서에 서명할 것을 강요당하고 있어.

7 종교 개혁 **107**

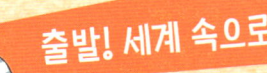 출발! 세계 속으로

스위스 제네바, 종교 개혁의 현장을 가다

"여기는 스위스. '스위스' 하면 뭐가 가장 먼저 떠오르니?"

"알프스산맥이요. 〈알프스 소녀 하이디〉라는 만화를 봤는데, 눈 덮인 풍경이 정말 멋있었어요."

"꼭 가야겠구나. 그런데 오늘 갈 곳은 따로 있단다."

"바로 여기, '제네바 생 피에르 대성당'이야."

"또 교회예요? 지겨운데……."

"보통 교회가 아니야. 원래 로마 가톨릭교회였다가 프랑스 출신의 종교 개혁가 칼뱅이 활동하면서 신교 교회로 바뀐 곳이란다."

"다른 교회에 비해 별로 화려하지 않은데요?"

"로마 가톨릭교회의 사치를 비판하고, 검소함을 강조했던 칼뱅의 영향을 받아

제네바 생 피에르 대성당 12세기에 만들기 시작해 100여 년의 긴 공사 끝에 완성한 곳이야. 하늘로 솟은 초록색 뾰족한 탑에 올라가면, 제네바 시내를 한눈에 볼 수 있단다.

실내 장식을 검소하게 바꾼 거야."

"아, 그렇군요."

"여기가 바로 칼뱅이 죽기 전까지 설교한 곳이야. 의자도 당시 사용한 것들이고. 따로 전시관이 마련되어 있으니, 거기도 둘러보자."

종교 개혁 기념비 성벽을 따라 세워진 높이 10미터, 길이 100미터에 달하는 종교 개혁 기념비야. 칼뱅 탄생 400주년이던 1909년에 공사를 시작해 1917년에 완성했단다.

"여기는 제네바 대학교 안에 있는 바스티옹 공원이란다."

"공원이면…… 자전거 타고 놀아요, 아빠!"

"일단, 여기 종교 개혁 기념비부터 살펴보자."

"이 사람들이 누군데요?"

"로마 가톨릭교회의 부패에 맞서 싸운 제네바 종교 개혁가들이야. 왼쪽에서 두 번째 인물이 칼뱅이란다."

"책에서 봤어요. 그 사람이 새로운 교회를 만든 거지요?"

"우리 큰딸, 정말 아는 게 많구나."

"제가 좀 똑똑하죠, 히히."

"여기 도드라지게 새겨진 조각상을 따라 100미터 정도 이어진 벽을 잘 살펴보면, 신교의 역사를 더 많이 알 수 있단다."

"근데, 학교가 참 멋지네요."

"이 대학교는 16세기 칼뱅이 세운 제네바 아카데미에서 비롯되었다고 해. 아빠는 우리 딸들이 여기서 종교 개혁가들이 보여 준 용기를 배워 가면 좋겠구나."

한 걸음 더!
신교와 구교는 무엇이 다른가?

구교를 믿든, 신교를 믿든 크리스트교인이 숭배하는 대상은 같아. 천지 만물을 만들고, 존재하는 모든 것의 근원이며, 이를 다스리는 존재, 바로 '크리스트'지. 이분이 하느님인데, 구교도와 신교도 모두 이분의 삶과 가르침을 믿고 따르기에 하나의 크리스트교인이야. 성경도 약간의 차이는 있지만, 《구약》과 《신약》을 함께 사용하지.

하지만 구교와 신교는 서로 다른 점이 있어. 사람들이 가장 잘 아는 건 나이야. 구교는 약 2000년의 역사를 자랑하나, 신교는 500년에 불과해. 구교가 오래되었다고 훌륭하다는 뜻은 아니야. 루터, 칼뱅 등으로 대표되는 종교 개혁가들이 기존 교회

구교 미사 장면 하느님의 은혜를 받는 예식을 구교는 미사라고 해. 구교가 더 많은 예식을 인정하기 때문에 신교에 비해 절차가 어렵고 복잡하단다.

와 성직자들의 잘못을 비판하면서 신교가 만들어진 거니까.

가장 큰 차이는 교황에 대한 입장이야. 구교는 교황을 예수의 대리자로 인정하나, 신교는 인정하지 않거든. 신교도는 오직 하느님의 말씀만이 삶과 믿음의 절대적인 기준이라고 주장해. 신교도가 다니는 교회에서 십자가 이외에 성모 마리아 등 성인의 그림과 조각을 볼 수 없는 것도 이와 관련이 있단다.

또 다른 점은 구교는 중앙 집권적이나, 신교는 독립적이라는 사실이야. 구교는 교황, 대주교, 주교, 사제, 수사·수녀, 평신도로 이어지는 위계가 있어. 신교는 장로교, 감리교 등 수많은 교파로 나뉘어 있고, 목사가 신자와 함께 각각의 교회를 자유롭게 이끌지. 성직자와 신자의 구분이 없으니, 목사는 구교의 성직자와 달리 결혼을 할 수 있단다.

신교 예배 장면 하느님의 은혜를 받는 예식을 신교는 예배라고 해. 신교는 목사와 신자가 함께 교회를 이끌고 예배 절차도 비교적 간단해.

콜럼버스, 바스쿠 다 가마, 마젤란. 혹시 이 사람들을 아니? 위대한 탐험가들이야. 과연 이들은 모험심만으로 목숨을 건 항해에 나섰을까? 너라면 어떻겠니? 아무래도 힘들겠지. 남달리 도전 정신이 뛰어났겠지만, 이들의 항해에는 그럴 만한 이유가 있었단다. 뭔지 궁금하다고? 그럼, 이들이 왜 목숨을 건 항해에 나섰고, 그 결과가 사람들에게 어떤 영향을 미쳤는지 알아보자.

1492년
콜럼버스, 아메리카 대륙 도착

1498년
바스쿠 다 가마, 인도의 캘리컷 도착

1519년
마젤란, 세계 일주 항해 시작

1521년
에스파냐, 아스테카 제국 정복

8 신항로 발견

1522년
마젤란의 선원, 세계 일주 항해 성공

1533년
에스파냐, 잉카 제국 정복

유럽, 새 바닷길을 찾아 나서다

15세기 유럽의 한 가게가 사람들로 북적댔어.

"후추와 계피를 사야겠어."

"나도, 나도 주게."

동방에서 가져온 향신료가 값이 비싼데도 불티나게 팔렸지. 고기 냄새를 없애 맛을 더해 줄 뿐만 아니라, 보관 기간을 늘려 주었거든.

향신료 인기가 높아지자, 지중해를 오가며 이를 들여오던 이탈리아 상인들이 값을 더 올려 100배가 넘는 이익을 남겼단다. 다른 나라 상인들은

불만이 가득했지.

먼저 나선 건 포르투갈 왕자 '엔히크'였어.

"이탈리아 상인들의 횡포를 더 이상 보고만 있을 수는 없어. 지중해를 거치지 않고 동방으로 가는 바닷길을 찾아야겠어."

엔히크는 천문학자, 지도 제작자, 항해 기술자들을 불러 모아 튼튼한 배, 정확한 지도, 방향을 알려 주는 나침반 등을 준비하게 하고, 아프리카와 아시아로 탐험대를 보냈지.

향신료 말고 다른 목표도 있었어.

"전설 속에 나오는 동방 크리스트교 국가를 찾아내 함께 이슬람 세력을 공격하겠어."

본인이 직접 항해를 이끈 것도, 동방으로 가는 새로운 바닷길을 연 것도 아니지만, 엔히크의 노력은 포르투갈이 유럽에서 인도로 가는 항로를 가장 먼저 찾는 밑바탕이 되었단다.

대항해 시대의 기념비 포르투갈 리스본에 있는 항해 왕자 엔히크의 기념비란다. 대항해 시대를 열었던 포르투갈의 용감한 선원들과 그들의 후원자들을 기리기 위해 만들었어.

엔히크 새로운 항로 개척에서 포르투갈이 다른 나라를 앞지를 수 있는 바탕을 만들었단다.

새로운 바닷길을 연 사람들

신항로 개척으로 가장 유명한 인물은 이탈리아의 '콜럼버스'야.

"지구가 둥그니까, 배를 몰아 서쪽으로 계속 가면 인도에 도착할 거야."

이탈리아에는 그를 믿고 많은 돈을 투자하는 사람이 없었어.

포르투갈과 경쟁하던 에스파냐 이사벨라 여왕이 주머니를 열었지.

1492년 8월, 콜럼버스와 100여 명의 선원이 산타 마리아호 등 세 척의 배로 리스본을 출발했어. 대서양은 생각했던 것보다 훨씬 넓었지. 항해가 길어지자, 선원들이 하나둘 희망을 접었어. 항해 두 달째 모든 것을 포기할 무렵, 멀리 육지가 모습을 드러냈단다.

"육지다! 드디어 인도에 도착했다."

콜럼버스의 아메리카 도착
콜럼버스는 죽을 때까지 이곳을 인도라고 믿었고, 그 섬들을 '서인도 제도', 그곳 사람을 '인디언'이라고 불렀어. 뒷날 '아메리고 베스푸치'가 인도가 아님을 밝혀냈는데, '아메리카'는 그의 이름에서 비롯되었어.

모두가 기뻐 날뛰었지만, 그곳은 인도가 아니라 아메리카 대륙의 섬이었어.

1497년에는 포르투갈의 '바스쿠 다 가마'가 탐험대를 꾸렸어.

"동쪽으로 방향을 잡아 가면, 인도에 더 빨리 닿을 거야."

아프리카 대륙 남쪽까지 힘겹게 나아간 탐험대는 그곳에서 만난 이슬람 선원의 안내를 받아 인도양을 건넜어. 인도로 가는 새 뱃길을 연 거야.

1519년에는 역사에 길이 남은 도전이 있었어. 포르투갈의 '마젤란'이 200여 명의 선원과 함께 다섯 척의 배로 세계 일주에 나선 거야. 중간에 네 척의 배를 잃고, 마젤란도 필리핀 원주민과 싸우다가 죽었지만, 18명 선원들은 3년 항해 끝에 지구를 한 바퀴 돌았어. 지구가 둥글다는 사실을 밝힌 거지.

아메리카 원주민, 유럽인과 맞서 싸우다

아메리카에 온 한 유럽인이 솔직하게 고백했어.

"우리는 신과 왕에게 봉사하고, 부자가 되기 위해 왔다."

아메리카에 황금이 가득하다는 소문을 들은 에스파냐가 가장 적극적이었지.

멕시코 지역 아스테카 사람들은 이들을 적으로 여기지 않았어. 흰 얼굴을 가진 태양신의 아들이 찾아온다는 전설이 전해 내려왔거든.

'혹시 이들이 태양신 아들이 아닐까?'

아스테카의 황제 권력을 상징하는 물건으로 온몸을 치장한 아스테카의 황제야. 관리와 백성들이 땅에 엎드려 고개도 들지 못할 만큼 권력이 강했어.

아스테카 제국 황제는 성문을 열어 에스파냐인들을 맞이했어. 쇠로 만든 무기가 없었던 이들은 에스파냐인의 총칼과 말 앞에 힘없이 쓰러졌지.

에스파냐인들은 아메리카 대륙 곳곳을 정복했어. 500만 명이 넘는 인구를 가진 안데스산맥의 잉카 제국도 이들에게 무너졌지.

이상한 것은 원주민들이 제대로 싸워 보지도 못하고 쓰러진 거야. 원인은 유럽인들이 들여온 전염병 균이었어. 천연두, 홍역 등을 경험한 적이 없는 원주민들만 죽어 나갔지.

"신께서 우리를 버리셨다."

원주민들은 모든 것을 포기했어. 10명 중 9명이 죽은 곳도 있었거든.

에스파냐의 피사로 잉카 제국을 정복한 피사로의 동상이야. 이로써 에스파냐는 멕시코에서 안데스산맥에 이르는 넓은 땅을 손에 넣었어.

신항로 개척의 빛과 그림자

유럽인 대부분은 신항로 개척을 긍정적으로 평가해.

"서로 잘 몰랐던 유럽, 아메리카, 아시아가 친구가 되었다."

유럽인들은 아메리카 친구를 만나 엄청난 부자가 되었어. 금과 은만 수만 킬로그램을 얻었지. 아메리카를 식민지로 만든 뒤로는 에스파냐와

에스파냐의 아메리카 은광 개발 아메리카 원주민들이 은광에서 힘들게 일하는 모습을 그린 거야. 이를 통해 에스파냐 사람들은 큰 부자가 되었지만, 아메리카 원주민들은 힘든 노동에 시달렸어.

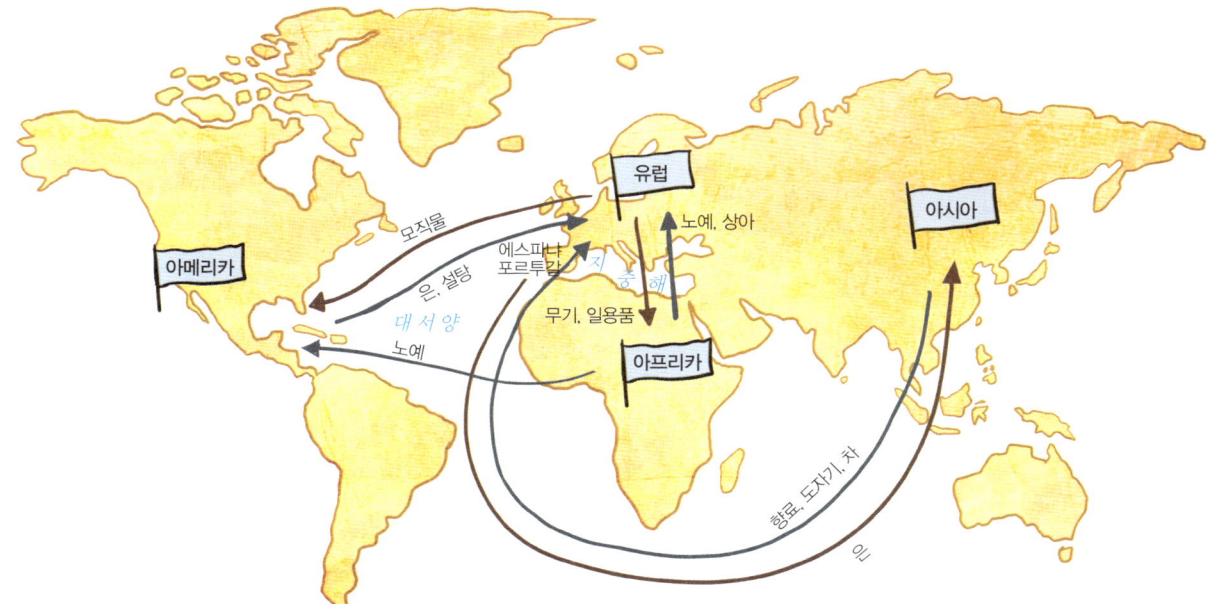

대서양 무역 신항로 개척 후 유럽의 무역 중심지는 지중해에서 대서양으로 이동했어. 이후 에스파냐와 포르투갈이 한동안 해외 무역을 이끌며 엄청난 부를 쌓았단다.

포르투갈 왕은 물론, 상인들의 주머니도 두둑해졌어.

유럽인의 식생활도 풍성해졌어. 아메리카 대륙에서 옥수수, 감자, 토마토 등이 전해졌거든.

아시아와 아메리카 원주민들의 평가는 유럽인들과 달라.

"신항로 개척은 축복이 아니라 재앙이야."

원주민들은 유럽인들이 만든 광산이나 농장에서 힘겹게 일해야 했어. 부족한 노동력은 아프리카에서 끌려온 흑인 노예가 채웠지.

유럽, 아프리카, 아메리카 사람들은 대서양을 통해 노예, 금, 은, 사탕수수, 담배, 커피 등을 열심히 실어날랐어. 서로 무언가 주고받았지만, 문제가 있었지. 유럽은 부자가 되었지만, 아메리카와 아프리카는 가난해진 거야.

출발! 세계 속으로

황금의 나라, 잉카 제국을 만나다

"페루의 수도 리마! 안데스산맥으로 가자. 여기 온 이유가 그곳에 있거든."

"아빠, 길이 너무 꼬불꼬불해서 어지러워요."

"하하. 대부분의 도시들이 3000미터 높이에 있으니, 어쩌겠니."

"여기 사람들은 왜 이렇게 높은 곳에 살아요?

"산맥 왼쪽 바닷가는 사막이고, 오른쪽은 밀림인데, 산맥 높은 곳의 평평한 땅은 일 년 내내 기온이 봄 같고, 비도 적당히 내려서 농사짓기 좋거든."

"저기 성벽 위에 화려한 옷을 입은 사람이 많아요."

"태양에게 제사를 지내는 거란다. 잉카 제국 때부터 이어져 온 축제지. 태양의

태양의 축제 페루 사람들이 잉카 시대의 옷을 입고, 감자와 옥수수를 태양신에게 바치고 있어. 잉카인들은 왕을 태양신의 아들이라 믿었어. '잉카'라는 말도 '신과 같은 왕'이라는 뜻이니, 황제권이 아주 강했단다.

움직임을 관찰해 달력을 만들고, 이를 농사에 활용하면서 태양을 신으로 섬긴 거란다. 황금으로 된 장식품이 많은 것도 황금빛이 태양처럼 반짝이기 때문이라고 해."

"아빠, 기차와 버스로 올라오고 나서도 엄청 걸었는데, 더 가야 해요?"

"드디어 다 왔구나."

"와우, 이런 산꼭대기에 도시가 있다니……."

"마추픽추란다. 2300미터 높이에 있는 공중 도시로, 신비한 잉카 문명의 흔적이 남아 있는 곳이지."

"크기도 엄청난데요."

"적어도 수천 명은 살았을 것 같구나. 이곳 광장을 중심으로 궁전, 신전 등이 있단다. 집은 물론 창고, 천체 관측소로 보이는 건물도 있고, 옥수수와 약초를 재배했을 것으로 보이는 계단식 땅도 있어."

"높은 산에 있지만, 불편함이 별로 없었을 것 같아요."

"산꼭대기에는 물길과 이를 보관하는 시설도 있단다. 산이라 물이 귀했을 테니, 마시거나 농사지을 물을 관리하는 게 중요했겠지. 해시계와 산을 닮은 돌 조각 등 볼거리가 많으니, 천천히 둘러보자."

페루의 마추픽추 잉카인들이 만든 도시 유적이야. 높은 산에 있어 잉카 제국이 망한 뒤에도 파괴되지 않았단다. 큰 돌로 만든 튼튼한 성벽과 계단식 밭은 그들의 뛰어난 건축술을 잘 보여 주지. 마추픽추는 '오래된 봉우리'라는 뜻이야.

이런 산꼭대기에 도시가 있다니!

저기가 마추픽추야.

한 걸음 더!

마젤란, 최초의 세계 일주를 이끌다

마젤란은 포르투갈 사람이야. 열정과 능력이 뛰어났지만, 포르투갈 왕은 그를 알아보지 못했어. 마젤란은 어쩔 수 없이 경쟁국인 에스파냐 왕을 찾아갔지.

"에스파냐를 포르투갈 부럽지 않은 향신료 무역국으로 만들어 드리겠습니다."

이를 기회로 여긴 에스파냐 왕은 기꺼이 그를 도왔어.

1519년, 마젤란과 200여 명의 선원들은 다섯 척의 배에 나누어 타고 에스파냐를 출발했어. 사나운 파도가 배 한 척을 집어삼키고, 또 다른 한 척을 되돌아가게 했으나, 다른 일행은 마젤란의 지휘로 남아메리카의 가장 남쪽에 도착했어.

"드디어 남아메리카를 통과했어."

"이제 바다 하나만 건너면 인도에 닿을 거고, 우리는 큰 부자가 될 거야."

바다는 생각보다 훨씬 크고 평화로웠어. 가도 가도 끝없이 이어졌지. 병에 걸리는 선원이 늘어나고, 음식과 물이 바닥을 드러냈지만, 마젤란은 계속 앞으로 나아갔어. 마침내 육지가 나타났지. 필리핀에 도착한 거야.

그곳은 꿈에 그리던 땅이 아니었어. 향신료가 없었거든. 마젤란과 여러 선원이 원주민과 싸우다가 죽었어. 남은 선원들은 결국 배 한 척을 버리고, 두 척의 배로 필리핀을 떠났지. 중간에 배 한 척을 또 잃었으나, 마지막 배 빅토리아호와 18명의 선원은 다시 에스파냐에 도착했어.

"3년 만에 가족의 품에 안기니, 꿈만 같군."

마젤란과 선원들은 향신료를 구해 오지는 못했으나, 에스파냐가 해양 강국이 되는 바탕을 만들었어. 지도에도 그 발자취를 남겼지. 남아메리카 끝의 '마젤란 해협', 크고 평화로운 바다 '태평양', 에스파냐 왕자 펠리페의 이름을 딴 '필리핀' 등. 무엇보다 최초로 세계 일주를 한 사람들로 역사에 남았어.

빅토리아호 마젤란과 선원들을 태우고 세계를 한 바퀴 돈 바로 그 배야. 이름은 마젤란과 선원들이 에스파냐 왕에게 충성을 맹세했던 교회에서 따왔어.

오늘날 대다수 나라의 주인은 국민이야. 약 400년 전 유럽 여러 나라에서는 왕이 나라의 중심이었어. 땅을 지키거나 넓히는 일도, 나라를 다스리는 법을 만드는 것도 왕의 몫이었지. 그 힘이 얼마나 강했는지, '비교되거나 맞설 만한 것이 없다.'는 뜻의 절대 군주로 불렸단다. "짐이 곧 국가다."라고 말한 프랑스 루이 14세가 대표적인 인물이야. 부유하고 강한 나라를 만들기 위해 나섰던 또 다른 왕들은 누가 있을까?

1642년
영국, 청교도 혁명(~1649년)

1588년
에스파냐, 영국 함대에게 패배

1688년
영국, 명예 혁명

1643년
프랑스, 루이 14세 즉위

9 부강함을 좇는 유럽

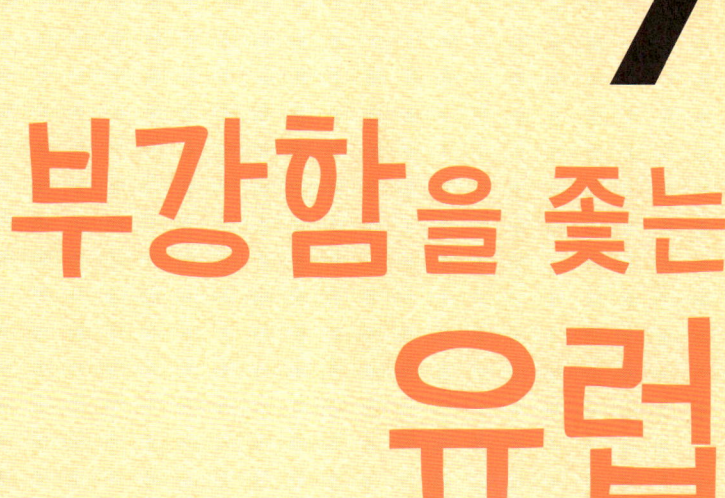

1740년
오스트리아, 마리아 테레지아 즉위

1703년
러시아 표트르 대제,
상트페테르부르크 점령

1747년
프로이센 프리드리히 2세,
상수시 궁전 건설

프랑스 루이 14세, 서유럽의 강력한 왕을 대표하다

프랑스 '루이 14세'는 다섯 살에 왕이 되어 여러 어려움을 겪었으나, 강력한 절대 군주를 꿈꾸었어.

"왕권은 신이 준 거룩하고 성스러운 것이니, 누구든지 내 말에 따라야 한다."

루이 14세는 '왕권신수설'을 주장했지. 그는 법률이나 귀족을 무시하고, 자기 뜻대로 나라를 다스렸어. 정치, 외교, 군사 등 일을 직접 처리했는데, 자신에게 반대하는 자들은 철저하게 억눌렀어.

"짐이 곧 국가다."

프랑스의 루이 14세 17세기 서유럽 절대 왕정의 상징적인 존재야. 가장 많은 관리와 상비군을 거느리고 72년 동안 프랑스를 다스렸어. 스스로를 태양에 비유해 '태양왕'이라 부르게 했단다.

루이 14세는 왕권 강화에 필요한 돈을 상공업자에게 얻기 위해 '중상주의 정책'을 추진했어. 정부가 앞장서서 상공업자의 해외 진출을 돕고 무역 회사를 만들었단다. 도로와 항구를 갖추고, 되도록 수입은 적게 수출은 많이 했어. 아시아, 북아메리카 등에 대한 군사적 침략도 서슴지 않았지.

"병사들이여, 짐과 프랑스의 영광을 위해 용감하게 싸워라."

17세기 말, 프랑스는 서유럽 최강의 나라가 되었단다. 정부 수입이 늘어 2만 상비군이 40만으로 늘어났어. 그는 서유럽 여러 왕들의 부러움을 샀지.

에스파냐의 펠리페 2세 신항로 개척을 바탕으로 유럽에서 가장 먼저 절대 왕정을 수립한 왕이야. 16세기 유럽 최강의 군사력을 자랑했는데 바다를 장악한 에스파냐의 해군을 무적함대라고 불렀어.

영국의 엘리자베스 1세 에스파냐의 무적함대를 물리치고, 영국의 전성시대를 연 여왕이야. 국내 상공업 발달은 물론, 해외 개척에도 적극적으로 나서서 북아메리카와 인도 등지에 진출했어.

9 부강함을 좇는 유럽

러시아 표트르 대제, 서유럽의 뒤를 따르다

동유럽 러시아는 땅이 넓었지만, 서유럽에 비해 여러 가지로 뒤떨어져 있었어. '표트르' 왕자는 꿈을 품었지.

'러시아를 영국, 프랑스처럼 강한 나라로 만들고 싶어. 이를 위해서는 서유럽의 제도와 기술을 적극적으로 받아들여야 해.'

왕이 된 표트르는 젊은이들을 서유럽으로 유학 보내고, 자신도 여러 나라를 방문했지.

꼬마야, 난 러시아를 너희 프랑스처럼 부강하게 만들고 싶단다.

러시아의 표트르 대제 서유럽의 장점을 받아들여 러시아의 근대화를 이끈 인물이야. 모스크바에서 상트페테르부르크로 수도를 옮기고, 군사·행정·교육·종교 등을 새롭게 바꾸어 '러시아 건국의 아버지'라고 불린단다. 오른쪽 그림은 표트르 황제가 프랑스의 소년 국왕 루이 15세를 만나는 장면이야.

네덜란드에서는 황제임을 숨기고 배 만드는 기술을 익히고, 구두 수선공과 의사의 조수로도 일했단다.

표트르 대제는 서유럽에 좀 더 가까이 가고 싶었어.

스웨덴을 공격해 발트해 동쪽 해안을 손에 넣었지. 이후 대규모 상비군을 만들고, 무기 지급을 위해 철강 산업을 키웠어. 비용은 농노 지배권을 인정해 주는 대가로 귀족에게 거두었지. 충성스러운 귀족에게는 관직도 내주었어. 러시아는 넓은 땅만큼이나 강력한 나라가 되었지.

오스트리아의 마리아 테레지아 오늘날의 오스트리아, 헝가리, 독일, 이탈리아 등 곳곳에 떨어져 있던 영토를 효과적으로 다스리기 위해 행정 구역을 새로 만들고, 강력한 군대를 키웠어.

프로이센의 프리드리히 2세 베를린을 중심으로 성장한 프로이센을 강국으로 만든 절대 군주였어. 스스로를 '철인왕'이라 일컬었지. 오스트리아와 두 차례 전쟁을 벌여 이기고, 폴란드의 일부를 점령해 땅과 인구를 크게 늘렸단다.

예술과 학문이 발달하다

절대 군주들은 예술과 학문 발전에도 노력했어. 프랑스 '베르사유 궁전'과 프로이센 '상수시 궁전'은 강력한 왕권의 상징이야.

"경제력과 군사력뿐 아니라 문화 면에서도 나의 권위를 보여 줘야 해."

왕의 지원을 받아 활동하는 미술가도 많았어. 벨라스케스는 국왕과 그 가족들의 초상화를 주로 그렸는데, 풍경화와 서민의 생활을 담기도 했지. 루벤스는 화려한 그림으로 이름을 날렸는데, 르네상스 화가보다 여성의 몸의 아름다움을 더욱 과감하게 표현했단다.

철학가로는 영국의 '베이컨', 프랑스의 '데카르트' 등이 이름을 날렸어.

<평화의 축복에 대한 알레고리> 왕의 도움을 받아 활동한 루벤스가 그렸어. 루벤스는 그림을 통해 왕실의 화려함을 강조하고, 권력을 아름답게 표현했지.

뉴턴 뉴턴은 영국의 물리학자이자 수학자로, 17~18세기 천재적인 능력을 보여 준 과학자들을 대표하는 인물이야. "우주는 신이 아니라 만유인력의 법칙에 의해 움직인다."고 주장해 신 중심의 우주관이 끝났음을 알려 주었지.

"참된 지식은 신이나 교회의 가르침이 아니라 실험, 관찰 등 과학적인 방법을 통해 배울 수 있는 거야."

"지금까지 참된 지식이라 믿었던 것들을 의심하면서 냉정하게 생각해 보는 것도 중요해."

대표적인 과학자는 영국의 '뉴턴'이야.

"공중에 있는 모든 것은 땅으로 떨어져. 모든 물체에는 서로 끌어당기는 힘이 있는데, 지구 중심이 끌어당기는 힘이 크기 때문이지."

이를 '만유인력의 법칙'이라고 해. 지구가 둥글다는 르네상스 시기의 과학적 업적을 활용해 한발 더 나아간 것으로, 이제 우주가 신에 의해 움직인다는 믿음이 완전히 깨졌단다.

9 부강함을 좇는 유럽

계몽사상이 유행하다

철학과 과학 발전은 새로운 생각을 만들었어. 영국의 '홉스'와 '로크'는 왕권신수설을 비판하고, '사회 계약설'을 내세웠지.

"인간은 태어나면서부터 가진 자신의 권리를 더 확실하게 누리기 위해 계약을 맺어 국가를 만들고, 통치자에게 권력을 맡겼어. 이에 통치자가 계약을 어기고, 권리를 침범할 경우, 국민이 통치자를 바꿀 권리가 있지."

프랑스 학자들은 이를 더욱 발전시켰어. '볼테르'는 절대 왕정과 교회의 부패를 지적하며 언론·출판·신앙의 자유를, '몽테스키외'는 권력을 나누어 권리를 보장할 것을 주장했지. '루소'는 사회 구성원 전체의 의견

난 국민과의 계약에 의해 통치한다.

몽테스키외 《법의 정신》에서 프랑스의 절대 왕정을 비판하고, 영국처럼 입법권·사법권·행정권을 나눌 것을 주장했어. 이는 오늘날까지 민주주의의 기본 원리로 받아들여지고 있단다.

존중과 빈부 격차 줄이기를 강조했어.

이들을 '계몽사상가'라 하는데, 이들은 사람들을 깨우쳐 사회 발전을 이룰 수 있다고 생각했어. 인간 이성의 힘을 굳게 믿은 거야.

새로운 과학 지식과 계몽사상을 담아 백과사전도 만들었어. 지식을 정리하는 동시에 이성적으로 문제가 있다고 판단되는 것은 과감하게 고치겠다는 의지의 표현이었지.

계몽사상은 경제 정책에도 적용되었어. 정부 간섭을 줄이고, 개인 능력을 최대한 발휘할 수 있게 하자는 주장이 힘을 얻었지. 영국의 '애덤 스미스'가 대표적인 인물이야.

"정부의 역할은 국민의 재산을 보호하고, 계약을 이행하는 데 머물러야 해. 개인이 자유롭게 자신의 이익을 추구하도록 내버려 두면, 사회 전체의 부가 늘어날 거야."

이러한 경제 정책을 '자유방임주의'라고 해.

애덤 스미스 절대 왕정이 경제에 간섭하는 것을 비판했어. "자유롭게 경제 활동을 하게 하면, 보이지 않는 손이 저절로 움직여 지속적인 경제 발전이 이루어진다."라고 주장했지.

출발! 세계 속으로
절대 군주의 베르사유 궁전을 가다

"프랑스 파리. 세계에서 가장 많은 여행객이 찾는 곳이니, 기대가 크지?"

"아빠, 루브르 박물관에 가고 싶어요."

"저는 에펠탑에 올라갈래요."

"그래그래, 다 해 보자꾸나. 그런데 오늘은 여기서 20킬로미터 정도 떨어진 베르사유에 갈 거야."

"베르사유 궁전 보러 가는 거죠?"

"그래. 베르사유 궁전은 17세기 유럽을 대표하는 절대 군주, 프랑스 루이 14세가 자신의 힘을 자랑하기 위해 만든 곳이란다. 일찍이 없었던 크고 화려한 궁전이었으니, 완공하는 데 걸린 40년의 시간만큼이나 많은 돈과 노력이 들어갔겠지."

"와우, 텔레비전에서 본 것보다 훨씬 넓은데요. 궁전도 어마어마하게 크고요."

"좌우 대칭을 이루는 프랑스식 대표 정원이지. 축축한 땅에 나무를 심어 숲을

베르사유 궁전 전경 원래 왕의 여름 별장이었으나, 루이 14세가 1682년에 파리에서 거처를 옮겨 온 이후 1789년에 다시 파리로 돌아갈 때까지 107년 동안 프랑스 권력의 중심지이자, 유럽 절대 왕정의 상징이었어.

만들고, 강줄기의 흐름을 바꾸어 운하와 분수대를 만들었단다. 수준 높은 조각상과 예쁜 집이 있는 왕비의 마을은 또 다른 볼거리야."

"궁전 안으로 들어가 보자."

"아빠, 여기는 결혼식장 같아요."

"왕실 예배당이야. 결혼식장으로도 썼는데, 루이 16세와 마리 앙투아네트도 이곳에서 결혼식을 올렸지. 흰 대리석과 벽화가 참 멋지구나."

"아빠, 여기 궁전 모형이 있어요."

"궁전 역사 박물관이란다. 시기별로 궁전의 변화 모습을 보여 주네. 일일이 세기 힘들 만큼 방이 엄청 많지. 오페라 공연장까지 있구나."

"이 방은 정말 화려해요."

"거울의 방으로, 궁전에서 가장 유명한 곳이야. 프랑스 왕과 귀족들이 화려한 옷을 입고, 음악에 맞춰 이곳에서 춤을 추었겠지. 음식도 최고였을 거야. 유럽 다른 나라 왕과 귀족들은 이들의 옷, 음악, 음식 등을 따라 했어. 심지어 프랑스 말까지 배웠다는구나. 이때부터 프랑스는 절대 군주의 대표국이자, 전 세계 유행을 이끄는 나라였던 거지."

베르사유 궁전 거울의 방 길이 73미터, 폭 10.4미터, 높이 13미터로, 17개의 창문과 678개의 거울이 있어 웅장하고 화려한 방으로 손꼽히는 곳이야. 천장 벽화와 샹들리에가 멋을 더해 준단다.

9 부강함을 좇는 유럽

한 걸음 더!

영국, 의회 정치를 발달시키다

일찍부터 영국에서는 의회의 힘이 셌어. 왕이 법을 바꾸거나 세금을 더 거두려 할 때 의회의 동의를 구해야 했지. 1215년에 귀족들은 왕이 마음대로 세금을 거두는 것을 금지하는 문서인 '대헌장'을 만들어 존 왕에게 서명하게 했어.

존 왕 이후에도 왕들은 틈만 나면 이를 무시하고, 자기 뜻대로 나라를 다스리려 했어. 엘리자베스 1세처럼 왕의 힘이 셀 때는 어쩔 수 없었지만, 힘을 키운 귀족과 시민 대표들은 왕과 자주 충돌했어. 1649년에는 찰스 1세가 처형되는 일이 벌어졌지. 왕 대신 의회가 권력을 차지했는데, 이를 '청교도 혁명'이라고 해.

왕과 의회의 갈등은 끝나지 않았어. 혼란 속에서 다시 권력을 찾은 왕이 또 의회를 무시했거든. 절대 왕정으로 되돌아가려 했던 제임스 2세는 신교도를 마구 괴롭혔어. 1688년에는 의회가 신교도인 그의 딸 메리와 남편 윌리엄 3세를 공동 왕으로 삼았어. 피 한 방울 흘리지 않은 자랑스러운 혁명이기에 '명예 혁명'이라고 하지.

찰스 1세의 처형 찰스 1세의 처형 장면을 담은 판화야. 이때 의회에 칼뱅의 영향을 받은 신교도가 많았기에 청교도 혁명이라고 한단다.

이후 영국에서는 새로운 원칙이 만들어졌어.
"왕은 자신의 의지가 아니라 의회에서 만든 법에 따라 나라를 다스린다."

왕 역시 법 아래의 존재임을 확인한 거지. 오늘날 왕이 영국을 대표하지만, 의회의 우두머리인 총리가 실제 통치권을 행사하는 정치 형태도 여기서 비롯된 거야.

메리와 윌리엄 3세 명예혁명으로 영국의 공동 왕이 되었어. 의회가 만든 법에 따라 나라를 이끈 최초의 군주였지.

영국의 국회 의사당 템스강이 흐르는 곳에 위치한 웨스트민스터 사원의 일부였는데, 약 700년 전부터 국회 의사당으로 사용되고 있어.

혁명이라는 말을 들어 봤니? 큰 변화라는 뜻으로, 주로 정치적인 사건을 가리켜. 우리나라의 4·19 혁명, 프랑스 혁명 등등. 그런데 경제적인 변화에도 쓰이는 경우가 있어. 농경과 목축의 시작을 뜻하는 신석기 혁명과 여기서 살펴볼 산업 혁명이야. 인류의 경제생활을 근본적으로 변화시킨 엄청난 사건이기 때문이지. 과연, 산업 혁명은 무엇이고, 사람들의 경제생활에 어떤 변화를 불러왔을까?

1733년
존 케이, 천 짜는 기계 발명

1764년
하그리브스, 실 뽑는 기계 발명

1769년
와트, 증기 기관 발명

1807년
풀턴, 증기선 발명

1830년
스티븐슨, 증기 기차 운행

10 영국 산업 혁명

1848년
마르크스, 《공산당 선언》 발표

1837년
모스, 전보 발명

1876년
벨, 전화기 특허 받음

자본가와 노동자가 성장하다

영국에서 상공업이 크게 발달하자, 부르주아들의 목소리가 커졌어.

"난 왕 부럽지 않아. 왕도 나만큼 부자가 아니니까."

의회를 독차지한 귀족에게도 큰소리를 쳤어.

"우리도 정치에 참여하겠소. 우리가 낸 세금으로 나라를 이끌어 가니, 당연한 게 아니겠소."

이들은 '자본가'로 성장해 '자본주의' 세상을 열었어. 기업가가 노동자를 고용해 상품을 만들어 파는 게 대세가 된 거야.

영국의 울타리 치기
울타리 치기가 계속되자, 많은 농민이 농촌을 떠나 도시로 몰려갔어. 자본가는 이들을 고용해 공장을 운영하며 새로운 사회의 주인공으로 떠올랐지.

농민들 필요 없어!

뻥!

조용하던 시골 마을이 시끄러워졌어.

"농민들은 당장 이곳을 떠나라."

양털 직물 가격이 크게 올라 농민에게 땅을 빌려주는 것보다 양을 키우는 게 이익이 되자, 지주들이 농민들을 쫓아낸 거야. 마을 공동 소유지, 땔감을 구하던 숲, 심지어는 남의 땅에도 울타리를 치고, 양을 키웠어.

쫓겨난 농민은 자본가 공장에서 힘들게 일해야 했지. 노동력을 팔아 삶을 꾸려 가는 '노동자'가 된 거야.

공장의 기계가 상품을 만들어 내다

17세기 후반, 인도 면직물이 영국에서 인기였어. 목화솜으로 만들어 양털보다 가벼웠는데, 따뜻함도 뒤지지 않았거든. 값도 훨씬 쌌고, 빨래하기도 쉬웠지.

"면직물 사업이 엄청난 이익을 가져다줄 거야."

"해결책은 기계야. 손이 아니라 기계로 면직물을 만들어 내는 거지. 빠른 속도로 많은 양을 만드는 방법은 그것뿐이야."

목화솜에서 실을 뽑고, 직물을 짜는 기계가 연이어 만들어졌어. 면직물을 만드는 속도가 300~400배나 빨라졌지.

'큰 기계를 더 빨리 움직이면, 생산량을 더 늘릴 수 있을 텐데.'

방직기와 방적기의 발달 산업 혁명은 면직물 산업에서 시작되었어. 목화솜에서 실을 뽑아내는 방적기에 이어 이를 천으로 만드는 방직기가 잇따라 발명되었단다.

이는 '제임스 와트'가 해결했어. 물이 아니라 석탄으로 열을 올려 만든 증기로 기계를 움직였지. 영국 곳곳에서 큰 기계가 연기를 내뿜으며 엄청난 양의 면직물을 만들어 냈어. '산업 혁명'이 일어난 거야.

다 합치면 8000킬로미터가 넘었지. 증기 기관이 좋아지면서 속도도 빨라졌어. 영국 어디든 하루 만에 상품이 전달되었지.

해상 교통도 발전했어. 바람을 이용하는 돛단배의 시대가 가고, 증기선의 시대가 왔지. 증기선은 대서양을 어렵지 않게 건넜어. 운항 거리를 줄이기 위해 운하도 만들었지. 수에즈 운하는 유럽에서 아시아로 가는 가장 짧은 길을 만들어 주었고, 파나마 운하는 아메리카 대륙의 동쪽과 서쪽을 쉽게 연결해 주었어.

통신 수단도 발달했단다. 빨리 주문하고, 수시로 연락하는 것이 필요했으니까. 우표 한 장 붙이면, 편지가 전해졌어. 미국의 '모스'가 전보를, '벨'이 전화를 발명하자, 연락이 더 쉬워졌지. 그만큼 상품을 팔 수 있는 시장의 크기도 커졌단다.

철도의 개통과 증기선의 등장 19세기 초 리버풀 항구의 모습이야. 영국 공장에서 만든 면제품이 이곳을 통해 전 세계로 팔려 나갔어.

벨이냐?

10 영국 산업 혁명

산업 혁명의 빛과 그림자

산업 혁명은 영국을 세계 최고의 경제국으로 만들었어. 1851년 런던 만국 박람회에는 무려 600만 명이 몰려들었지. 다른 나라는 영국 산업화의 길을 따라 걸었어. 유럽 전체가 '산업화'의 열기로 가득했지.

"산업 혁명이 가난과 굶주림에서 벗어나게 해 줄 거야."

"그래, 산업 혁명은 가장 위대한 경제적 변화야."

분명 사람들의 삶은 풍요로워졌어. 하지만 중요한 문제가 생겼지. 늘어난 부가 자본가에게 몰린 거야. 노동자는 하루 18시간을 일하고도 먹고 살기 힘들었어. 여성과 어린이는 더 적은 돈을 받았지. 일하다가 다치면, 욕을 먹고 공장에서 쫓겨났어.

런던의 수정궁 영국의 기술과 상품을 자랑하기 위한 만국 박람회가 열린 곳이란다. 이를 계기로 영국은 '세계의 공장'으로 불렸고, 세계 여러 나라는 산업화에 열을 올렸지.

"모든 것이 기계 때문이야. 기계를 모두 부숴 버려야 해."

"자본가와 노동자 모두가 행복한 공장을 만들어야겠어."

이러한 노력이 실패하고, 노동자의 고통이 계속되자, 자본가가 공장을 갖지 못하게 하고, 이를 사회가 관리해 모든 사람이 평등한 세상을 만들려는 '사회주의 사상'이 유행했어.

카를 마르크스와 런던의 뒷골목 대표적인 사회주의 사상가야. 마르크스는 《자본론》, 《공산당 선언》에서 "자본가와 노동자의 싸움으로 자본주의가 사라지고, 노동자가 주인이 되는 사회주의 사회가 만들어질 것이다."라고 주장했어.

10 영국 산업 혁명

출발! 세계 속으로

영국의 수도, 런던을 가다

"서두르자~ 오늘 여행지는 영국의 수도 런던이란다."

"아빠, 런던이 서울보다 커요?"

"인구는 비슷한데, 2.5배 정도 커. 런던을 세계적인 도시로 만든 건 '산업 혁명'이었어."

"산업 혁명이 그렇게 중요한 사건인가요?"

"세계 여러 나라 사람들이 영국을 중심으로 움직였으니, 대단한 일이지. 영국과

대영 박물관 세계 3대 박물관 중 하나야. 로제타석, 이집트 미라, 그리스와 로마 유물 등 1300만 점이 넘는 소장품을 자랑하지. 청자, 백자 등 우리나라 유물도 200점이 넘는단다.

타워 브리지 템스 강변 양쪽에서 시작된 다리 위에 두 개의 탑을 세우고, 이를 연결하는 다리를 위아래에 만들어 완성했어. 배가 지나갈 때면, 아래 다리가 분리되어 위로 올라가는 모습을 볼 수 있단다.

거래하기 위해 런던 그리니치 천문대의 시간을 기준으로 삼았고, 영어를 배웠으니까. 아빠가 입고 일하는 신사복도 영국에서 처음 만든 거야."

"영국에서 비롯된 게 참 많네요."

"자, 저기 빨간 2층 버스를 타자. 런던 박물관에 가서 런던의 역사를 살펴볼 거란다. 오후에는 타워 브리지, 세인트 폴 대성당, 대영 박물관, 버킹엄 궁전을 차례로 갈 거야. 행복한 하루가 되겠지?"

세인트 폴 대성당 110미터 높이의 거대한 돔 지붕으로 유명한, 런던을 대표하는 성당이야. 지하에 내려가면 2차 세계 대전 때 죽은 군인 2만 8000명의 추모비와 나이팅게일 등 유명인들의 납골당이 있어.

버킹엄 궁전 영국 왕이 살고 있는 궁전이야. 교대식이 열릴 때면, 검은 털모자와 빨간 제복을 입은 근위병을 보기 위해 많은 관광객이 몰려들지. 궁전 앞에는 처음 이곳에 살기 시작했던 빅토리아 여왕의 동상이 있어.

10 영국 산업 혁명　151

어린이들의 세계사

어린이 노동자의 힘겨운 삶을 만나다

산업 혁명 시기에 영국 자본가들은 기계를 사는 데 돈을 아끼지 않았으나, 노동자들에게는 임금을 적게 주었어. 생활이 어려워진 노동자 가정은 부녀자나 어린이까지도 공장에서 일해야 했지. 자본가들은 어린이 노동자를 아주 좋아했단다. 임금을 어른의 절반만 주고, 마음대로 부려먹을 수 있었기 때문이야.

더러운 공장에서 힘겹게 일해야 했던 아이들은 자주 다쳤어. 목숨을 잃는 아이들도 있었지. 다음은 1840년 영국 국회의원이 어린이 노동자와 나눈 대화야. 당시 어린이 노동자의 비인간적인 삶을 잘 보여 주고 있어.

소녀 노동자 어린 소녀가 방직 공장에서 일하고 있어. 자본가들은 더 많은 이익을 남기기 위해 임금이 낮은 부녀자와 어린이들에게 긴 시간 일하도록 강요했어.

 공장에서 하루에 얼마나 노동합니까?

 보통 새벽 4시부터 밤 12시까지 하루 20시간 정도예요.

 소년, 소녀 노동자들의 나이는 대략 몇 살 정도죠?

 10세에서 15세입니다.

 아이들을 계속 공장에 붙잡아 둡니까?

 예. 필요할 때 언제든지 부려 먹기 위해서죠.

 붙잡혀 있는 아이들 중 작업을 하지 않는 아이들은 뭘 하죠?

 대개 잡니다.

 토요일 저녁은 보통 8시에 작업을 끝낸다는데, 맞습니까?

 예.

 그러면 나머지 4시간 분의 손해는 어떻게 채웁니까?

 금요일에 밤새워 일을 하지요.

 이런 식이라면 아이들 건강이 몹시 안 좋을 텐데요?

 물론 그렇습니다.

 아이들이 교육을 받을 시간은 있습니까?

 일요일 말고는 전혀 없어요.

 1주일에 120시간이나 일을 하고도 일요일에 공부를 할 수 있습니까?

 없지요.

"오랫동안 자기 뜻대로 나라를 다스린 존재는?" 정답은 왕이야. 오늘날까지 권력을 지킨 왕도 있지만, 대부분의 나라에서는 국민이 선택한 사람이 나라를 이끌고 있어. 총리나 대통령이 그들이지. 그럼, "세계에서 가장 먼저 대통령을 뽑은 나라는?" 미국이야. 미국은 언제 어떻게 만들어졌고, 무슨 이유로 왕이 아닌 대통령을 뽑아 나라의 살림살이를 맡겼을까?

1773년
보스턴 차 사건

1775년
미국 독립 전쟁(~1783년)

1776년
미국 〈독립 선언서〉 발표

1789년
미국 연방 공화국 탄생.
조지 워싱턴 초대 대통령 취임

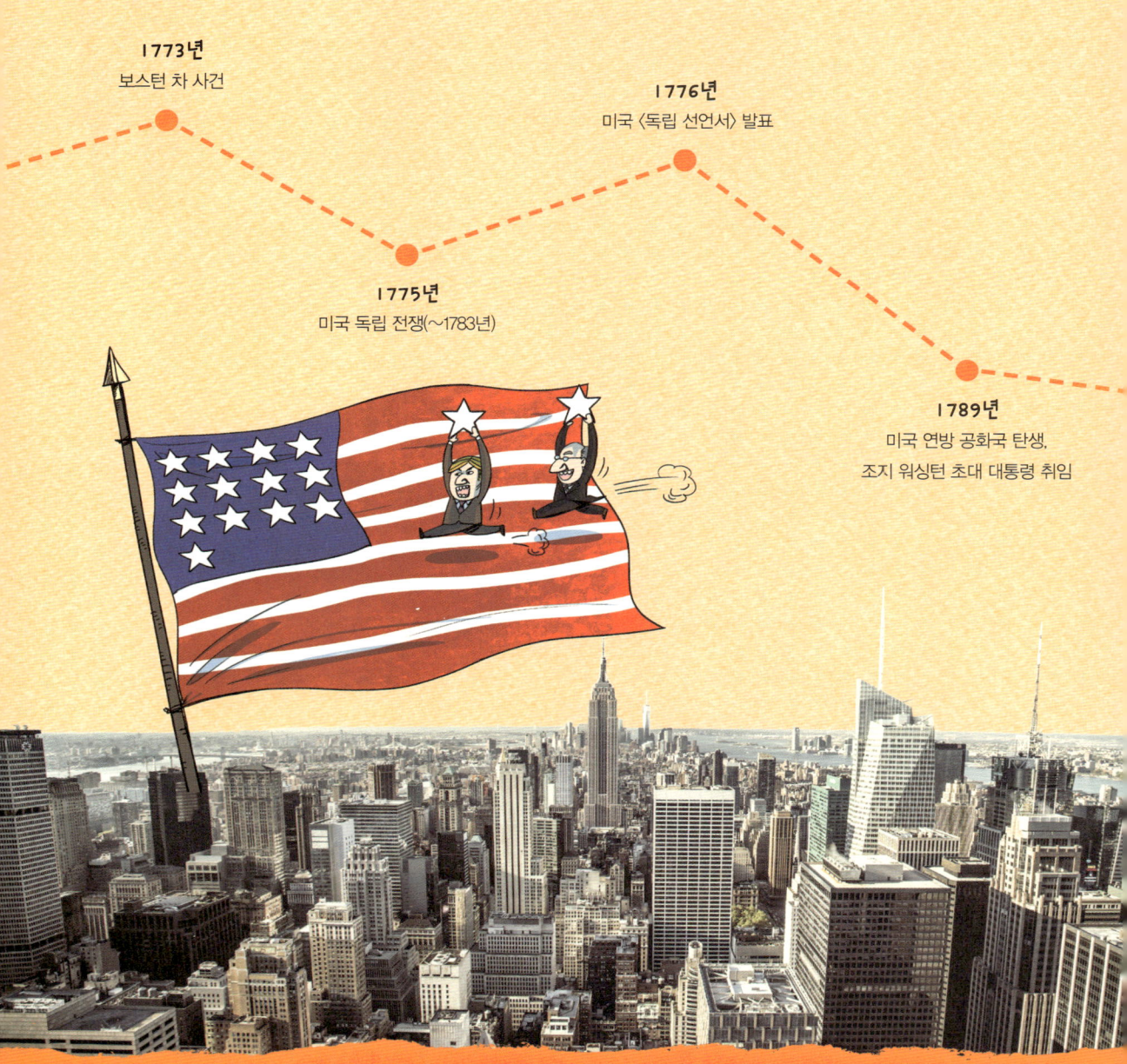

11 미국 탄생과 성장

1860년
링컨, 대통령 당선

1863년
게티즈버그 전투, 링컨 노예 해방 선언

1861년
남북 전쟁(~1865년)

1869년
대륙 횡단 철도 완성

북아메리카에 영국 식민지가 만들어지다

17세기 초, 북아메리카 대륙 동부의 한 원주민 마을이 시끄러웠어. 하얀 피부의 영국인들이 나타났거든.

"쫓아내야 해! 무슨 짓을 할지 모르잖아."

"불쌍한 사람들을 매정하게 내칠 수는 없어."

원주민은 정이 많았어. 통나무집 짓는 것을 도와주고, 옥수수 농사법도 알려 주었지. 평화는 오래가지 않았어. 땅, 일자리, 종교의 자유 등 부푼 꿈을 갖고 대서양을 건너오는 영국인들이 늘어나면서 다툼이 일어났거든.

"백인이 우리 땅을 빼앗는 걸 더 이상 보고만 있을 수는 없어요."

북아메리카 동부의 영국 식민지 영국인들은 원주민을 몰아내고, 북아메리카 동부 지역에 13개의 식민지를 만들었어. 이들은 이곳을 '뉴잉글랜드', '새로운 영국'이라 불렀단다.

"어젯밤 이웃 부족민 대부분이 죽고, 마을은 잿더미로 변했어요."

묵묵히 이야기를 듣던 추장이 입을 열었어.

"싸움 말고, 다른 선택은 없다. 총, 갑옷 등도 준비되어 있다. 전사들이여! 그대들의 강함과 용맹함을 보여 주라!"

하지만 여러 원주민 부족들이 하나로 뭉치지 못했고, 영국 무기는 생각보다 강했어. 오랫동안 원주민이 살던 북아메리카 대륙 동부 지역에 13개 영국 식민지가 만들어졌지.

북아메리카 영국 식민지가 독립해 미국을 만들다

1773년 12월 어느 날 저녁, 보스턴항이 시끄러웠어. 원주민 차림의 영국인들이 영국 배에 올라가 차 상자를 바다에 집어던졌거든.

"영국 여왕님! 우리는 더 이상 세금을 안 낼 테니, 당신이나 배 터지게 마시세요."

영국 정부도 세게 나왔어.

"손해 배상할 때까지 보스턴항을 닫는다."

"북아메리카 대륙 영국 정부군은 식민지 영국인 건물이나 식량을 마음대로 쓸 수 있다."

1774년 9월, 식민지 대표 대책 회의가 필라델피아에서 열렸어.

"영국 정부는 식민지 영국인 권리를 빼앗지 마라."

1775년 4월, 전쟁이 터졌지. 정부군은 군인이었고 식민지군은 대부분

보스턴 차 사건 식민지인 영국인이 북아메리카 대륙의 13개 주를 다스렸으나, 영국 정부는 설탕과 차 등에 많은 세금을 물렸어. 이에 대한 불만이 터진 것이 보스턴 차 사건이었지.

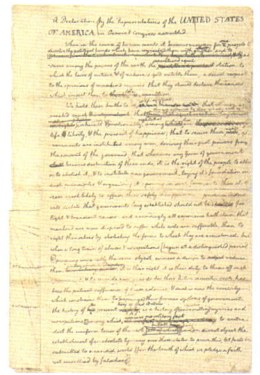 

미국 〈독립 선언서〉 천부 인권, 인민의 저항권, 평등 등 민주주의의 핵심 사상을 담고 있는 최초의 문서였어. 왼쪽은 토머스 제퍼슨이 자필로 쓴 〈독립 선언서〉 초안이야.

민간인이었기에 영국 정부의 손쉬운 승리가 예상되었는데, 접전이 벌어졌어. 식민지군에게는 독립이라는 간절한 목표가 있었고, 프랑스, 네덜란드 등 북아메리카 대륙에서 영국과 경쟁하던 나라들이 이들을 도왔거든.

1776년, 토머스 제퍼슨이 〈독립 선언서〉를 발표한 뒤에도 싸움이 7년 넘게 이어지자, 영국 왕이 두 손을 들었어.

"북아메리카 식민지 영국 정부군은 영국 땅으로 돌아오라!"

영국으로부터 독립한 13개 주는 1789년 '미국 연방 공화국'이 되었는데, 이 나라에는 왕이 없었단다. 주 대표들이 대통령을 뽑아 나라를 이끌게 했거든.

미국 독립 전쟁 1781년 조지 워싱턴이 이끄는 식민지군이 요크타운 전투에서 영국 정부군을 물리치는 장면이야. 이 전투에서 프랑스 함대는 식민지군을 도와 영국 해군을 막아 냈어.

미국, 큰 땅을 자랑하는 나라가 되다

미국은 탄생과 함께 땅을 늘려갔어.

원주민은 저항했으나, 대가는 참혹했지. 백인들이 인정사정없이 원주민을 죽였거든.

"미국은 자유와 개척 정신의 나라다. 서부를 자유의 땅으로 만드는 것은 신께서 우리들 백인에게 내려 준 거룩한 임무이다."

미국은 만족하지 않았어.

"더 큰 땅을 자랑하는 나라를 만듭시다."

프랑스와 에스파냐를 위협해 루이지애나와 플로리다를 헐값에 사들이고, 멕시코를 공격해 텍사스, 캘리포니아, 뉴멕시코를 빼앗았지. 풍부한

쫓겨나는 원주민 일찍이 동부 바닷가에서 백인에게 밀려난 원주민은 또다시 서쪽으로 쫓겨가는 처지가 되었어. 저항하는 원주민들을 미국 병사들은 잔인하게 죽였단다.

자원이 발견되어 행운의 땅이 된 알래스카를 러시아에게 사들인 것도 이 즈음이야.

　　미국 정부가 출신과 신분을 따지지 않고 땅을 나누어 주자, 유럽인이 앞다투어 미국으로 건너왔어. 1848년, 캘리포니아에서 발견된 금광은 많은 사람들을 개척에 나서게 했지. 이들을 따라 새로운 길과 도시가 만들어졌고, 미국은 더욱 큰 나라가 되었어.

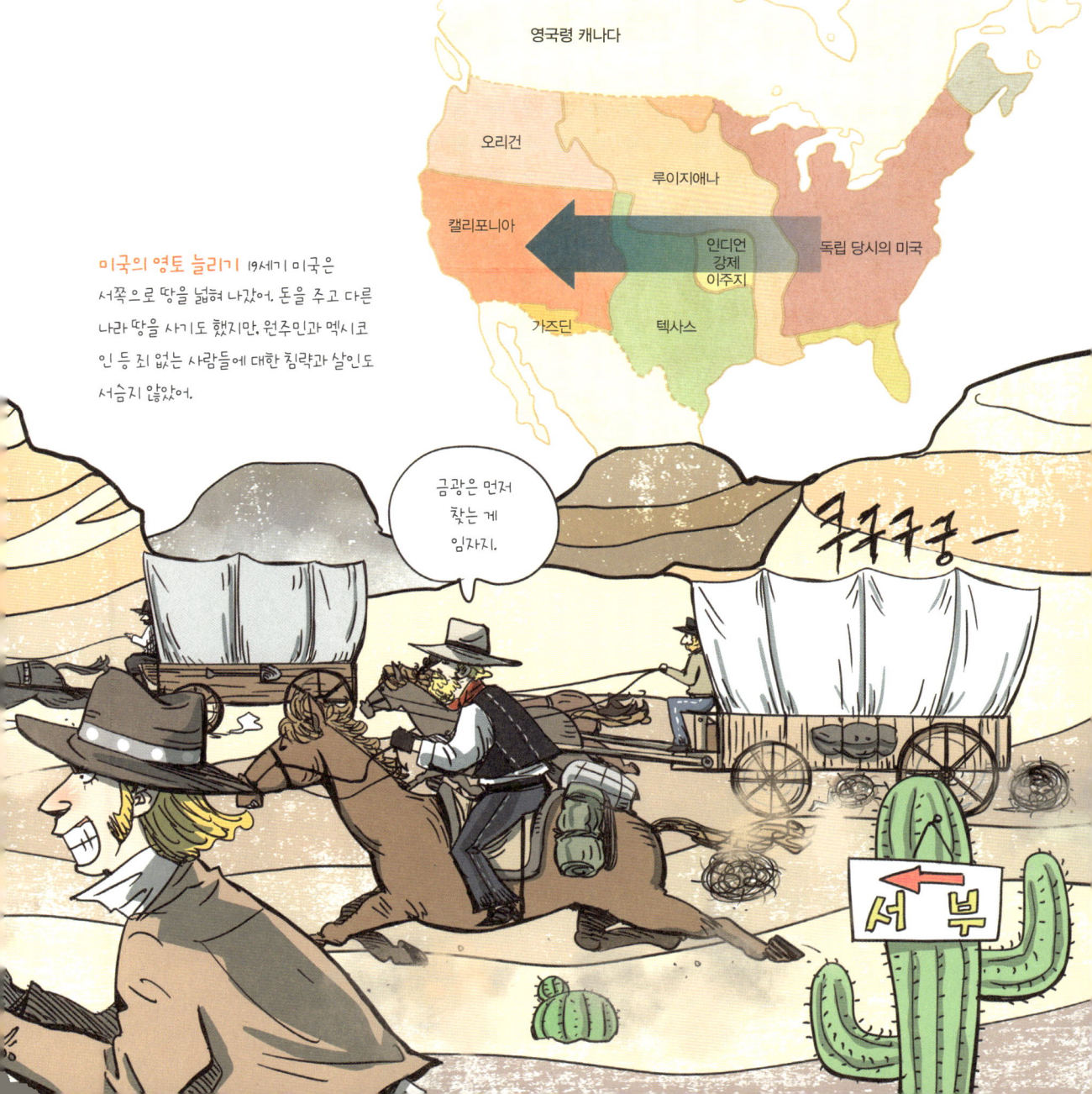

미국의 영토 늘리기 19세기 미국은 서쪽으로 땅을 넓혀 나갔어. 돈을 주고 다른 나라 땅을 사기도 했지만, 원주민과 멕시코인 등 죄 없는 사람들에 대한 침략과 살인도 서슴지 않았어.

미국, 세계 최대의 공업국이 되다

경제는 땅이 늘어난 만큼이나 빠르게 성장했어. 풍부한 자원에 기술 개발이 더해졌거든. 문제는 북부는 상공업, 남부는 면화 농업 중심이라 다툼이 그치지 않았다는 사실이야.

"북부 상공업 보호를 위해 영국 상품 수입을 막아야 하오."

"그럼, 영국이 남부 면화를 사지 않을 거요."

"남부 입장만 중요하오? 흑인 노예를 부려 면화 농사나 짓는 주제에."

"뭐요? 흑인 노예를 위하는 것처럼 말하지 마시오. 그들을 자유인으로 만들어 북부 공장에서 싼값에 부려 먹으려는 속셈을 모를 줄 아오?"

1860년, 노예 해방론자로 알려진 '링컨'이 대통령에 당선되자, 남부 여러 주가 미국 연방에서 빠져나와 남부 연합을 만들었지.

"우리 대통령은 링컨이 아니라 데이비스요!"

이는 '남북 전쟁'으로 번졌어.

1863년 7월, 게티즈버그에서 결전이 벌어졌어. 산등성이에서 3일 동안 비 오듯 쏟아 내던 북부 연방군 포탄이 멈추자, 대포 고장이

해방시켜 줄게. 북부 공장에서 일하자.

링컨 미국의 16대 대통령으로, 남북 전쟁 중에 '노예 해방 선언'을 한 것으로 유명하지. 하지만 대통령 취임식에서 링컨은 "노예 해방보다는 연방 유지가 더 중요하다."라고 분명하게 밝혔어.

게티즈버그 전투 남북 전쟁의 전세를 가른 전투였어. 남부의 수십 배에 달하는 경제력과 링컨의 '노예 해방 선언' 등을 통해 북부는 전쟁에서 승리할 수 있었어.

라 판단한 남부 연합군이 산등성이를 향해 돌진했지. 이 전투에서 남부 연합군 5만 2000명이 죽었단다.

 북부 승리는 상공업이 더욱 발전하는 계기가 되었어. 자유를 얻은 흑인 노예들로 노동력이 풍부해졌고, 파괴된 남부를 재건하면서 기업이 성장했거든. 대륙을 가로지르는 기찻길도 완성되었어. 미국은 유럽 여러 나라를 제치고 세계 최고 공업국이 되었단다.

출발! 세계 속으로
세계 최고 도시, 뉴욕을 가다

"드디어 세계 최고 도시, 뉴욕에 왔구나."

"우아, 어마어마한 빌딩 숲이네요!"

"옛날에는 이곳도 원주민 땅이었어. 17세기에 네덜란드가 차지했는데, 영국 요크 공작이 빼앗아 새 이름을 붙였어. 뉴욕(New York), '요크 집안의 새로운 땅'이라는 뜻이야."

"언제 이렇게 커진 거예요?"

"미국이 탄생한 뒤부터야. 뉴욕은 미국의 첫 수도였지. 초대 대통령 워싱턴이 여기서 취임했고, 연방 의회도 이곳에서 열렸단다. 이후 워싱턴으로 수도를 옮겼지만, 뉴욕은 이후에도 계속 커졌어. 대서양을 바라보고 있어 세계 곳곳의

맨해튼 빌딩 숲 50층 이상의 건물이 즐비한데, 가장 가장 높은 것이 102층, 381미터 높이의 엠파이어 스테이트 빌딩이야. <킹콩> 등 여러 영화에도 나왔지. 전망대에 올라가면, 맨해튼 전체를 한 눈에 내려다볼 수 있어.

우아~ 복잡하다.

사람들과 문물이 끊임없이 드나들었거든."

"오늘은 어디 갈 건가요?"

"뉴욕의 심장부, 맨해튼 빌딩 숲부터 둘러볼 거야. 유람선도 타고, 공원에서 놀기도 하고. 너희가 좋아하는 도서관, 미술관도 가 보자. 저녁에는 브로드웨이에 가서 뮤지컬을 보자."

"야호!"

맨해튼 아니죠~ 맨홀슨

자유의 여신상 미국 독립 100주년을 기념해 프랑스가 선물한 거야. 왼손은 〈독립 선언서〉 오른손은 불을 들고 있어.

센트럴파크 뉴욕 사람은 물론, 여행자들에게도 달콤한 휴식을 주는 곳이란다. 드넓은 공원 곳곳에 박물관, 동물원, 호수와 빙상 경기장 등 다양한 즐길 거리가 숨겨져 있단다.

메트로폴리탄 미술관 세계 4대 미술관 중 하나로, 약 330만 점의 소장품을 자랑하는 곳이야. 1998년에 열린 한국관에 가면, 우리의 미술과 문화도 만날 수 있어.

11 미국 탄생과 성장

한 걸음 더!

미국 연방 공화국이 탄생하다

북아메리카의 13주는 각기 독립적인 나라였어. 서로 경계가 있었고, 의회와 헌법도 제각각이었지. 힘을 합해 영국 정부와 싸우면서 가까워졌어.

"13개 주를 묶어 하나의 나라를 만드는 것이 좋겠어. 무역을 할 때나 힘센 나라의 위협을 막는 데도 도움이 될 거야."

1787년 13개 주 대표들이 〈독립 선언서〉를 바탕으로 연방 헌법을 만들었어.

"국민이 나라의 주인이다. 정부, 의회, 법원이 힘을 골고루 나누어 가져서 누구도 나라의 일을 자기 마음대로 하지 못하게 해야 한다. 모든 국민은 언론·출판·집회 및 신앙의 자유를 가진다."

별 하나 추가요.

미국 연방 공화국 국기 바탕의 붉은색과 흰색 줄 13개와 왼쪽 위에 있는 별 13개는 미국 연방 공화국의 13개 주를 상징해. 이후 새로운 주가 늘어나는 만큼 별 개수도 많아졌어.

1789년, 이 연방 헌법에 따라 총선거가 치러져 새 나라, 미국이 만들어졌어. 정식 이름은 '미국 연방 공화국'이지. 흔히 USA라고 쓰는데, 이는 'United State of America'의 머리글자야. '여러 주(State)를 연합해 만든 나라'라는 뜻이지.

공화국은 뭘까? 뒤에 붙어 있어 별거 아닌 것 같지만, 굉장히 중요한 단어야. 공화국은 '국민이 주인인 나라'라는 뜻이거든. 이때부터 미국에서는 대통령이 나라의 살림살이를 맡았는데, 무척 특별한 일이었어. 다른 나라에서는 여전히 왕이 나라의 주인 행세를 했으니까.

아쉬운 점도 있었어. 세금을 내는 21세 이상 백인 남자만 국민으로 인정했거든. 흑인 노예와 원주민에게는 국민으로서의 권리가 없었어. 흰 피부를 가진 여성들도 마찬가지였지. 이들이 차별을 이겨 내고, 미국 연방 공화국 국민으로 선거권을 행사하는 데에는 100년이라는 시간이 더 필요했어.

조지 워싱턴 대통령의 취임식 1789년 미국 초대 대통령 조지 워싱턴의 취임식을 담은 판화야. 왕이 아니라 국민이 뽑은 대통령이 나라를 이끌게 된 것은 어마어마한 변화였어.

오늘날 대부분 나라에서는 특권을 가진 사람이 없어. 국민 모두가 자유롭고 평등하지. 300년 전만 해도 상황이 달랐어. 왕과 귀족이 정치권력을 독차지했지. 특히 프랑스 성직자와 귀족은 재산이 많았으나, 세금을 한 푼도 내지 않는 특권을 누렸어. 평민들이 무기를 들고 일어났지. 특권을 없애고, 모두가 공평하게 대접받는 나라를 만들고자 했던 프랑스 사람들을 만나러 가 보자.

1789년
바스티유 감옥 습격, 〈인권 선언〉 채택

1792년
유럽 여러 나라, 프랑스와 전쟁 시작

1793년
루이 16세 처형

12
자유와 평등
프랑스 혁명

1805년
프랑스 해군, 영국에게 패배

1814년
나폴레옹, 엘바섬으로 쫓겨남

1804년
나폴레옹 황제 즉위,
《나폴레옹 법전》 편찬

1812년
나폴레옹, 러시아 원정 실패

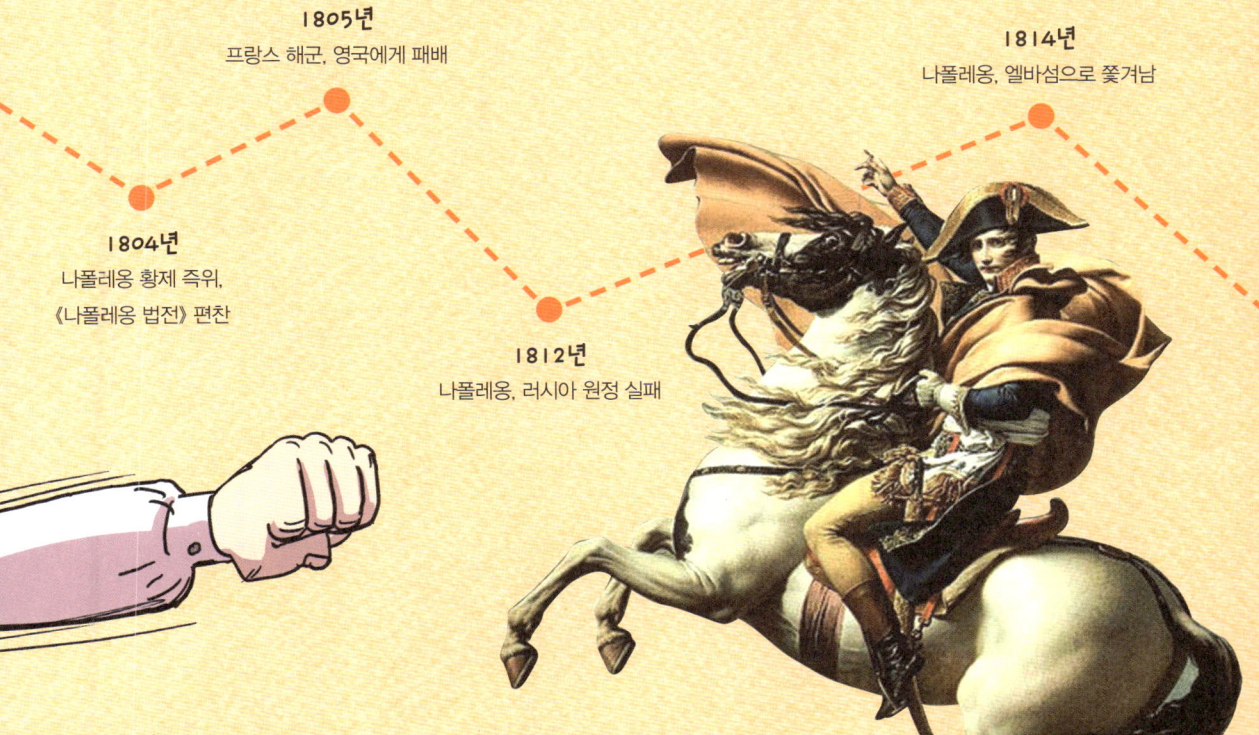

파리에서 혁명이 일어나다

1789년 5월 5일, 베르사유 궁전에서 의회가 열렸어. 루이 16세가 세금을 더 거두려고 성직자, 귀족, 시민 대표들을 불렀는데, 시민 대표들은 기분이 좋지 않았어. 화려한 옷차림을 한 성직자, 귀족과 달리, 검은 옷을 입어야 했고, 뒷자리에 앉아야 했거든.

모든 일을 신분별로 의견을 모아 결정하는 것도 불만이었어. 각 신분이 한 표씩만 행사할 수 있었거든. 시민 대표가 성직자와 귀족 대표를 합친 것보다 두 배 많았지만 성직자와 귀족 의견이 같으면, 시민 모두가 반대해도 소용이 없었으니까.

프랑스의 세 신분 성직자와 귀족은 전체 인구의 2퍼센트였으나, 프랑스 땅의 40퍼센트를 가지고 있으면서도 세금을 한 푼도 내지 않았어. 위 그림은 시민의 등 위에 성직자와 귀족이 올라탄 모습으로, 이들이 시민을 내리누르는 현실을 담고 있어.

바스티유 감옥 공격 왕이 군사를 모아 국민 의회를 해산시킬 거라는 소문이 퍼지자, 파리 민중들은 자신의 대표를 지키기 위해 무기를 들었어. 그림은 바스티유 성을 공격하는 장면이란다.

"우리보다 부자인 성직자와 귀족들이 세금을 내지 않는 것이 말이 되는가? 공평한 법이 만들어질 때까지 흩어지지 않겠어."

시민 대표들은 자신들이 국민 대표라고 주장하며 시민 의회를 '국민 의회'라고 선포했지.

7월 14일, 파리 바스티유 감옥에 누군가가 침입했어. 성을 지키던 병사들의 총에 100명 가까이 쓰러졌으나, 포기하지 않았지.

"물러서지 말고, 계속 공격하자!"

성은 침입자의 손에 들어갔어.

이들은 파리 시민들이었어. 왕이 국민 의회를 강제로 해산시키려 하자, 자신들의 대표를 지키기 위해 들고일어난 거야. 바스티유 감옥은 낡은 정치의 상징이었어. 왕을 비판하던 사람들이 갇혔고, 왕의 무기 창고도 있었거든.

혁명이 지방으로 퍼지다

바스티유 감옥 점령 소식이 알려지자, 지방 곳곳에서 농민들이 들고 일어났어. 농민들은 귀족의 성으로 쳐들어가 불을 지르고, 재물을 빼앗았지. 8월 4일, 국민 의회는 선언했어.

"성직자와 귀족의 모든 특권을 없앤다."

이제 성직자와 귀족도 세금을 내야 했고, 농민을 하인처럼 부릴 수도 없게 되었어.

8월 26일에는 새 헌법에 담을 핵심 내용을 발표했지.

프랑스 〈인권 선언〉과 파리 하층 시민의 모습 〈인간과 시민의 권리 선언〉으로, 미국 〈독립 선언서〉와 함께 민주주의 발전에 기여한 대표적인 문서로 꼽힌단다. 여기에 담긴 인간의 존엄성, 자유와 평등, 국민 주권 등은 오늘날까지 민주주의의 기본 정신으로 이어지고 있어.

"인간은 누구나 자유롭고, 평등하게 살 권리를 가지고 태어났다."

"모든 사람은 신분 차별 없이 법 앞에 평등하다."

"모든 권력은 국민에게서 나오므로 국가는 국민의 자유, 안전, 재산을 보호해야 한다."

〈인권 선언〉을 발표한 거야. 하지만 왕은 이를 인정하지 않았어.

"내가 나라의 주인인데, 무슨 헛소리들이야……."

10월 5일, 굶주리는 가족을 보다 못해 나선 부녀자들이 앞장서서 왕을 파리로 끌고 왔지.

1791년, 새 헌법이 만들어졌어. 왕 역시 법 아래의 존재로 규정했지. 프랑스는 의회에서 만든 법에 따라 왕이 다스리는 '입헌 군주제' 국가가 되었어.

부녀자들의 행진 식량 부족으로 고통 받던 부녀자들이 무기를 들고 베르사유 궁전으로 몰려가고 있어. 이들이 왕에게 외친 구호는 "배고파서 못살겠다. 빵을 달라!"였어.

12 자유와 평등 프랑스 혁명

혁명이 위기에 빠지다

국민 의회가 개혁에 속도를 내자, 왕은 두려웠어.
'프랑스에 머물다가는 목숨마저 위태롭겠어. 몸을 피해 반격의 기회를 엿봐야겠어.'

1791년 6월 20일 밤, 왕과 가족은 왕비 오빠가 다스리는 오스트리아로 향했지만, 뜻을 이루지 못했지.

'이웃 나라 왕들에게 도움을 요청해야겠어. 프랑스 혁명이 자기 나라에까지 퍼지는 걸 막아야 할 테니, 도와줄 거야.'

1792년 4월, 오스트리아와 프로이센 등이 반혁명군을 만들어 프랑스로 쳐들어오자,

삼색기와 라 마르세예즈 혁명 전쟁 때 프랑스 민중이 사용한 깃발과 군가야. 삼색은 '자유, 평등, 박애'의 혁명 이념을, '라 마르세예즈'는 '마르세예즈의 노래'라는 뜻을 담고 있어. 이는 현재 프랑스의 국기와 국가로 사용되고 있단다.

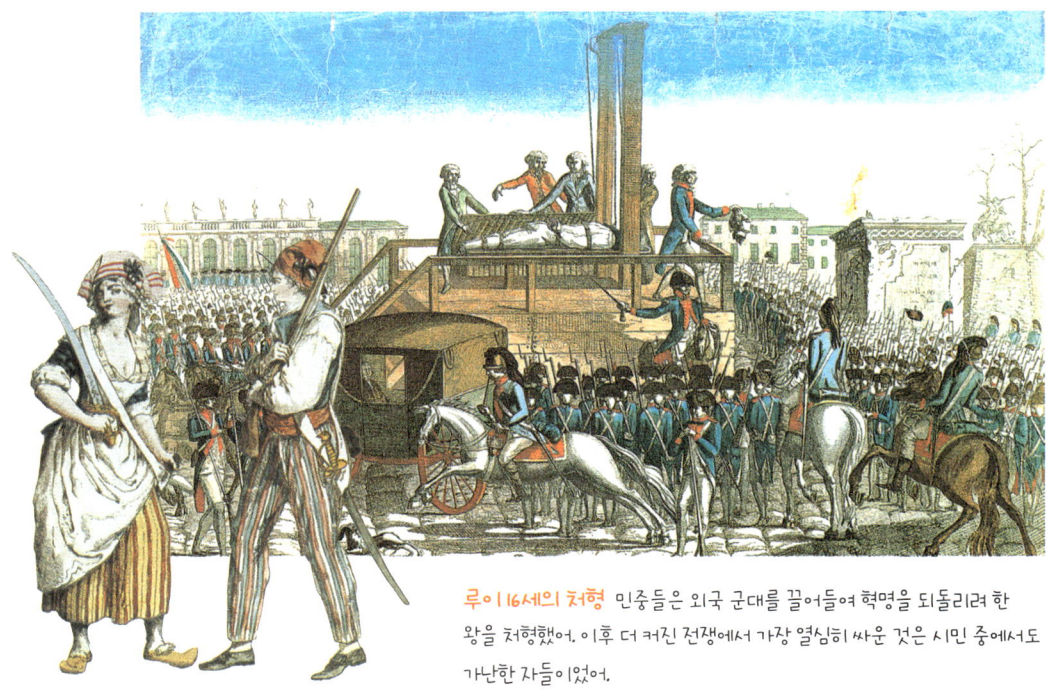

루이 16세의 처형 민중들은 외국 군대를 끌어들여 혁명을 되돌리려 한 왕을 처형했어. 이후 더 커진 전쟁에서 가장 열심히 싸운 것은 시민 중에서도 가난한 자들이었어.

민중들이 무기를 들었어. 총에 삼색기를 걸고, '라 마르세예즈'를 부르며 용감하게 싸웠지.

전쟁 중 민중들은 '혁명 정부'를 만들었어.

"외국 군대를 끌어들인 왕을 처형해야 해."

1793년 1월 15일, 파리 광장에서 루이 16세의 목이 잘렸지. 이제 프랑스는 국민이 주인인 '공화국'이 되었어.

이웃 나라 왕들은 충격에 빠졌어. 영국, 네덜란드, 에스파냐 등도 반혁명군에 가담했지. 공화정 지도자 '로베스피에르'는 공포 정치를 실시했어.

"18~45세 모든 프랑스 남자는 공화국을 위해 싸워야 한다."

거부하는 자는 혁명의 적으로 몰렸어. 50만 명이 감옥에 갇히고, 3만 5000명이 처형되었지.

혁명, 실패로 끝나다

1799년 11월, 28세 청년 장교가 파리로 군대를 이끌고 들어와 혁명 정부를 무너뜨렸어. 그의 이름은 '나폴레옹', 5년 뒤 그는 황제가 되었지.

"모두가 자유롭고 평등한 세상을 만드는 황제가 있을까?"

비판이 일어났지만, 권력을 독차지한 나폴레옹은 나라 안 갈등을 잠재우고, 정복 전쟁에 나섰어.

"국민들이여, 위대한 프랑스를 만들기 위해 목숨을 바치자!"

나폴레옹 군대는 가는 곳마다 승리했어. 젊은이와 세금을 전쟁에 쏟아 부었거든. 능력 있는 시민에게 지휘를 맡긴 것도 큰 역할을 했지.

나폴레옹은 서유럽을 차지했으나, 만족하지 않았어.

"이번 목표는 섬나라 영국과 동유럽 러시아다."

알프스를 넘는 나폴레옹

〈나폴레옹의 대관식〉 1804년 파리 노트르담 사원에서 거행된 대관식을 자크 루이 다비드가 그린 거야. 황제의 관을 쓴 나폴레옹이 부인 조세핀에게 황후의 관을 수여하고 있구나.

엘바섬으로 가는 나폴레옹 엘바섬으로 쫓겨나는 나폴레옹을 풍자한 1814년 영국의 동판화야.

나폴레옹 법전 나폴레옹은 정복지에서 신분제와 농노제를 폐지했어.

그러나 이들과의 싸움은 쉽지 않았어. 영국은 세계 최강의 해군력을 자랑했고, 러시아는 감당할 수 없을 만큼 추웠거든.

반혁명군의 반격도 이어졌어. 1814년 반혁명군에게 파리를 점령당했고, 나폴레옹은 섬으로 쫓겨났어. 이듬해 그는 섬에서 빠져나와 군사를 다시 정비했으나, 반혁명군에게 또다시 패했지. 나폴레옹 시대는 막을 내렸고, 프랑스 혁명도 실패로 돌아갔어.

나폴레옹 부대의 학살 나폴레옹군은 스스로 자유와 평등을 전파하는 해방자라고 주장했으나, 실제로는 곳곳에서 정복자이자 학살자의 모습을 드러냈어. 그림은 고야가 에스파냐 민중들을 학살하는 프랑스군을 그린 거란다.

12 자유와 평등 프랑스 혁명

출발! 세계 속으로

역사와 전통의 도시, 파리를 가다

"베르사유 궁전에 이어 오늘은 파리 시내를 돌아볼 거야."

"와우, 드디어 에펠탑에 가겠네요?"

"그래야지. 파리는 서울의 6분의 1 크기지만, 오랜 역사와 전통을 자랑해. 게르만족이 이동한 뒤 세운 프랑크 왕국의 첫 수도였고, 기름진 땅과 풍부한 자원을 가졌기 때문에 독일, 영국 등 이웃 나라의 침략을 많이 받았지."

"프랑스 혁명도 이곳에서 시작되었죠?"

"맞아. 무엇보다 파리는 혁명의 도시로 유명하지. 오전에 갈 바스티유 광장도 프랑스 혁명과 관련된 곳이야. 오후에는 루브르 박물관, 개선문, 에펠탑을 살펴볼 거란다."

"우아, 무지 기대돼요!"

"1989년 파리가 유럽의 문화 수도로 선정되었어. 문화유산을 돌아보면, 그 이유를 알 수 있을 거야. 저녁을 먹은 뒤에는 센강에서 유람선을 타거나, 샹젤리제 거리에 가서 세계 유행을 이끄는 패션의 도시, 파리를 느껴 보자꾸나."

"좋아요!"

에펠탑 1889년 파리 만국 박람회를 기념해 에펠이 설계해 세운 탑이야. 1789개의 계단은 프랑스 혁명이 일어난 1789년을 기억하기 위한 거란다.

개선문 19세기에 나폴레옹의 전쟁 승리를 기념해 로마에 있는 콘스탄티누스 대제의 개선문을 본떠 만들었어. 바깥 벽면과 기둥에는 나폴레옹 군대의 모습을, 안쪽 벽면에는 600여 명의 장군 이름을 새겼단다.

자유 평등 박애~

바스티유 광장 1789년 7월 14일에 프랑스 혁명의 시작인 바스티유 감옥 점령 사건이 일어난 곳이야. 광장 가운데에 1830년 7월 혁명을 기념하는 51미터 높이의 기둥이 있고, 그 꼭대기에 자유의 여신이 있어.

루브르 박물관 이곳은 원래 바이킹의 침입을 막기 위한 요새였단다. 이후 궁전으로 고쳐 사용하다가 18세기에 황제의 미술관으로 만들었어. 현재는 225개 전시실에 40만 점의 예술품이 전시되어 있어 세계 3대 박물관 중 하나로 손꼽힌단다.

12 자유와 평등 프랑스 혁명

한 걸음 더! 자유주의와 민족주의가 퍼지다

프랑스 혁명은 프랑스는 물론, 유럽 여러 나라에 큰 영향을 끼쳤어. 혁명 이념인 자유, 평등, 박애의 가치가 사람들에게 널리 퍼진 거야.

"자유와 독립만큼 중요한 것은 없어."

다른 나라의 식민 지배에서 벗어나 자유롭고 독립적인 나라를 만들려는 움직임이 일어났어. 변화는 이것만이 아니었단다.

영국의 차티스트 운동
1832년 선거법 개정 때 노동자에게 선거권이 주어지지 않자 노동자들은 인민헌장을 만들어 보통 선거를 요구했어.

프랑스의 7월 혁명(1830년)과 2월 혁명(1848년) 프랑스 혁명 실패 후 왕이 권력을 되찾았으나 프랑스인들은 자유를 되찾기 위해 다시 들고 일어났어.

7월 혁명 외젠 들라크루아가 7월 혁명을 그린 〈민중을 이끄는 자유의 여신〉이야. 7월 혁명 이후 프랑스에는 입헌 군주정이 수립되었어.

2월 혁명 프랑수아 오귀스트 비아르가 2월 혁명을 그린 그림이야. 2월 혁명 이후 프랑스에는 공화정이 수립되었지.

"반드시 통일된 민족 국가를 만들겠어."

유럽의 여러 나라는 혁명전쟁을 하면서 모든 국민에게 세금을 거두고, 이들을 병사로 동원했던 프랑스가 큰 힘을 발휘하는 모습을 봤거든. 예로부터 땅과 역사, 문화를 함께 이어 온 이들, 즉 민족을 하나로 묶어 '국민 국가'를 만드는 바람이 유럽에 불어왔어.

독일 통일 철과 피, 즉 강력한 군사력을 키운 프로이센의 수상 '비스마르크'의 활약으로 경쟁국인 오스트리아를 물리치고, 1871년에 통일 독일 제국이 탄생했어.

비스마르크

이탈리아 통일 사르데냐, 시칠리아 등 여러 나라로 나뉘어 있었으나, 사르데냐의 수상 '카보우르'의 활약으로 1861년에 통일 이탈리아 왕국을 이루었어. 남부 지역을 통합해 사르데냐의 왕에게 바친 '가리발디'도 영웅으로 손꼽히지.

자유주의와 민족주의의 전파
자유주의와 민족주의의 열기는 프랑스의 공화정 수립, 영국의 참정권 확대와 독일과 이탈리아의 통일로 이어졌어.

카보우르

가리발디

라틴 아메리카가 어딘지 아니? 라틴족, 주로 에스파냐와 포르투갈의 식민 지배를 받은 아메리카 땅을 가리키는 말이야. 우리 민족이 일본 침략자들에게 용감하게 맞선 것처럼 이들도 목숨을 걸고 독립 운동을 했을까? 당연하지. 안중근이나 유관순처럼 존경받는 독립 운동가가 이들에게도 있을까? 있고말고. 시몬 볼리바르, 산마르틴이 그들이야. 낯선 이름이라고? 그럼, 지금부터 이들의 활약을 살펴보자.

1804년
아이티, 공화국으로 독립

1811년
베네수엘라 독립

1818년
칠레 독립

13
라틴 아메리카의 독립과 시련

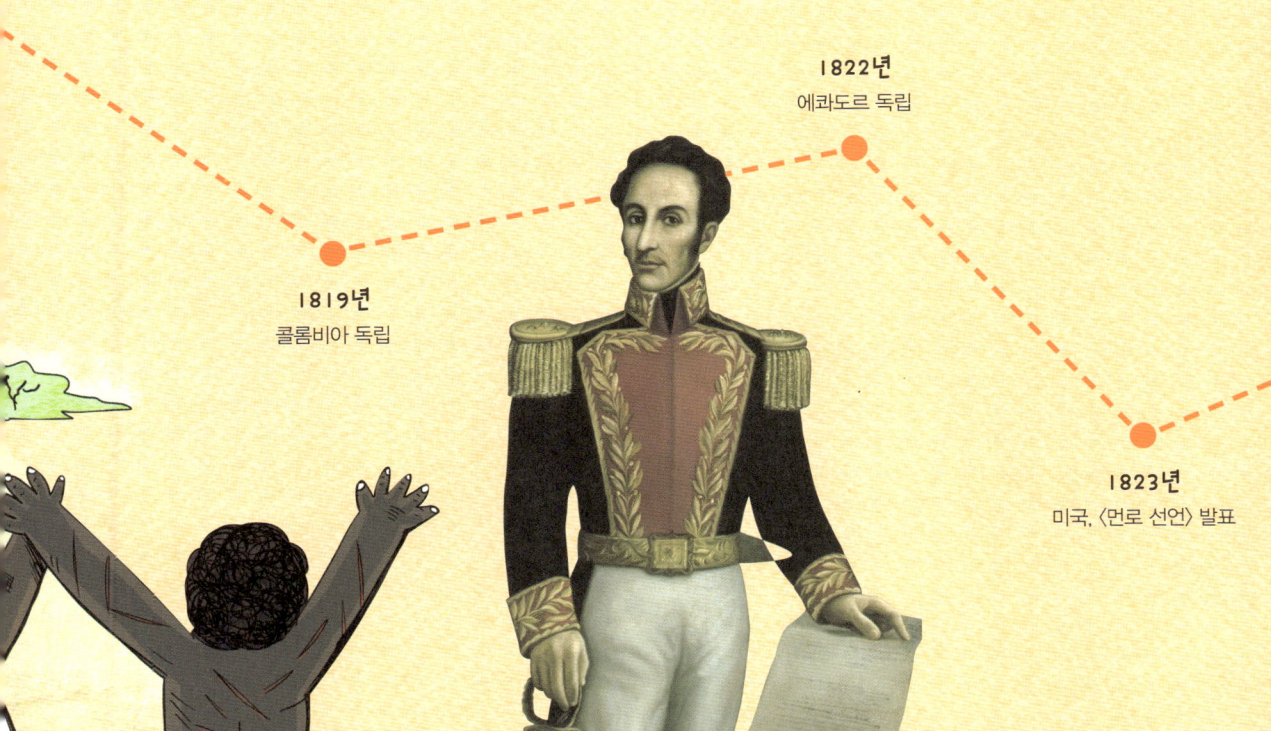

1819년 콜롬비아 독립

1822년 에콰도르 독립

1823년 미국, 〈먼로 선언〉 발표

라틴 아메리카 에스파냐인, 에스파냐 왕에게 불만을 품다

라틴 아메리카의 한 광산이 시끄러웠어.

"어이, 거기 뭐하고 있나? 지금 여유 부릴 때야?"

"너희 같은 놈들에게는 채찍이 약이야. 빨리빨리 움직여."

원주민과 아프리카에서 끌려온 흑인들은 뜨거운 햇빛 아래 쉬지 않고 일했어.

똑바로 해, 이것들아!

원주민과 흑인의 생활 라틴 아메리카 원주민과 아프리카에서 끌려온 흑인들은 광산이나 사탕수수, 커피 농장에서 노예처럼 일해야 했어.

이들을 부리는 건 에스파냐에서 온 백인들이었어. 라틴 아메리카에서 캔 금과 은 중 상당한 양을 에스파냐 왕에게 바쳤지. 이들 백인들은 자기 주머니를 먼저 채우고도 싶었지만, 왕에게 보낸 금과 은이 나라와 백성을 살찌우는 것이라 생각하고 자랑스러워 했단다.

식민 지배가 길어지자, 백인이 원주민이나 흑인과 결혼해 사회 구성이 복잡해졌는데도 최고 지배층 자리를 굳건히 지켰어. 하지만 에스파냐 왕이 보낸 관리의 간섭과 통제를 받는 것에 대한 불만이 생겼지. 라틴 아메리카에서 생활하던 에스파냐 출신 백인들은 시간이 지나자 에스파냐 왕과 관리의 지배에서 벗어나려 했어.

"도대체 언제까지 에스파냐 왕의 눈치를 봐야 하는 거야?"

이들은 라틴 아메리카에서 태어나 할아버지나 아버지만큼 에스파냐를 사랑하는 마음이 크지 않았거든.

흑인 노예들, 아이티 공화국을 세우다

아이티는 중앙아메리카에 있는 작은 섬나라야. 에스파냐 식민지였으나, 프랑스가 빼앗았지. 이곳에는 넓은 사탕수수 밭이 많았어. 아프리카에서 끌려온 흑인 노예들은 굵은 땀방울을 흘리며 일했지만, 큰 집에서 화려한 옷을 입고 신나게 춤을 추며 시간을 보내는 건 백인들이었어.

프랑스 혁명 소식이 이곳까지 전해졌어.

마차 끄는 일을 하면서 틈틈이 글을 배운 흑인 노예 '투생'은 생각했어.

투생 루베르튀르 흑인 노예 출신으로, 프랑스에 맞서 유격전을 이끌어 아이티 독립에 기여한 인물이야. '아이티 독립의 아버지'로 불린단다.

아이티 독립 만세!

'백인들은 자유로운데, 왜 흑인들은 그렇지 못할까? 책에는 모든 인간이 태어날 때부터 평등하다고 쓰여 있는데, 왜 현실은 다른 걸까? 백인 때문이야. 그들이 우리를 노예로 부려서 고통스럽게 사는 거야.'

고달픈 삶을 견디다 못한 흑인 노예들이 들고 일어났어. 사탕수수 밭 주인을 죽이고, 집은 불태웠지. 투생은 군대를 만들어 이들과 함께했어.

"완전한 자유를 얻을 때까지 싸웁시다!"

에스파냐군은 물론 영국, 프랑스군도 이들을 막아섰어. 독립 운동 불길이 자신들의 식민지로 번지는 것을 원치 않았으니까.

남자는 물론, 여자와 아이들의 시체가 쌓였지만, 투생은 포기하지 않고 12년 동안 싸움을 이어 갔어. 그는 프랑스군에게 잡혀 죽었으나, 1804년 그의 병사들은 마침내 독립의 꿈을 이루었어. 라틴 아메리카 최초의 독립 국가가 탄생한 거야. 국민이 주인인 공화국이었기에 기쁨이 더욱 컸지.

볼리바르와 산마르틴, 여러 나라의 독립을 이끌다

나폴레옹이 이끄는 프랑스군이 에스파냐를 정복하자, 에스파냐 왕이 쫓겨나고, 나폴레옹의 형이 그 자리를 차지했지. 라틴 아메리카인들은 혼란스러웠어.

라틴 아메리카 여러 나라의 독립 에스파냐의 지배를 받던 라틴 아메리카의 여러 나라는 나폴레옹이 에스파냐를 공격하는 틈을 이용해 독립 운동을 벌였고, 19세기 초에 식민 지배에서 벗어났단다. 연도는 각 나라가 독립한 해야.

안데스산맥을 넘는 산마르틴 산마르틴은 험준한 안데스산맥을 넘어 산티아고로 향했고, 에스파냐군은 크게 패해 칠레는 독립했어.

"할아버지와 아버지의 나라, 에스파냐 왕국과 의리를 지켜야겠지?"

"무슨 소리야. 프랑스 세상이니, 새 왕에게 충성해야지."

"의리와 충성을 말할 때가 아니오. 지금이 독립할 기회요."

이들은 독립 운동을 선택했어. 에스파냐 왕의 간섭이 없는, 자신들이 주인인 나라를 만들고 싶었으니까.

가장 널리 알려진 인물이 '시몬 볼리바르'야.

"우리는 독립 국가를 원한다. 이를 위해 라틴 아메리카에서 에스파냐 군을 몰아내야 한다."

그는 전투에서 여러 번 졌지만, 안데스산맥의 눈 덮인 계곡과 벌레가 우글대는 밀림을 헤쳐 나가면서 싸워 베네수엘라, 콜롬비아, 에콰도르의 독립을 이끌었어.

또 다른 영웅은 '산마르틴'이야. 아르헨티나를 독립시킨 그는 에스파냐 군이 예상치 못한 작전을 펼쳤어. 안데스산맥을 넘어 칠레로 쳐들어간 거야. 허를 찔린 에스파냐군은 도망가기에 바빴고, 칠레는 독립했지.

시몬 볼리바르 여러 나라의 독립을 이끌어 '라틴 아메리카의 해방자'로 불린단다. 라틴 아메리카를 하나로 묶으려는 꿈은 좌절되었으나, 그의 명성은 라틴 아메리카 곳곳에 살아 있지. '볼리비아'라는 나라 이름도 그에게서 나온 거야.

13 라틴 아메리카의 독립과 시련

라틴 아메리카, 어려움이 이어지다

독립을 이루자, 원주민, 혼혈인, 흑인들은 꿈에 부풀었어.
"이제 모두가 평등한 나라를 만드는 일만 남았어."
독립 운동을 이끈 백인들은 생각이 달랐지.
"백인 중심의 나라를 만들어야지."
백인들은 유럽을 옮겨 놓은 것 같은 도시를 만들고, 곳곳에 로마 가톨릭교회를 세웠어. 군사력을 갖추어 정치도 좌지우지했지. 정치는 엉망이었고, 군인들이 비정상적으로 권력을 차지하는 일이 자주 일어났어. 민중들의 생활은 나아진 게 없었지.

산토도밍고 성당 잉카 시대에 태양신을 모신 신전이었으나, 일부를 허문 뒤 그 위에 성당을 지었어. 라틴 아메리카에 유럽인의 문화가 자리 잡는 과정을 잘 보여 주지.

가까이에 있는 새로운 강자 미국도 가만히 있지 않았어. 1823년, 미국 대통령 '먼로'가 입을 열었지.

"유럽은 더 이상 아메리카 문제에 간섭하지 마라!"

멋있지? 미국이 라틴 아메리카 보호자처럼 보이니까. 하지만 이는 미국이 라틴 아메리카를 자기 마음대로 하려는 것이었어.

라틴 아메리카 여러 나라는 미국으로부터 자유롭지 못했어. 미국이 경제적으로 큰 영향을 미치는 데다가 입맛에 맞지 않는 정부를 무너뜨리고, 자신의 말을 잘 따르는 이를 권력자로 앉혔거든. 라틴 아메리카 사람들은 탄식했지.

"목숨을 걸고 싸워 유럽의 식민 지배에서 벗어났는데, 이젠 미국 눈치를 봐야 하니……."

라틴 아메리카를 지배하려는 미국 "아메리카에서 손을 떼라."는 〈먼로 선언〉은 유럽을 향한 경고였어. 이는 미국이 남북 아메리카 모두를 지배하겠다는 의지를 밝힌 거야.

13 라틴 아메리카의 독립과 시련

출발! 세계 속으로

원주민과 유럽 문화가 뒤섞인 멕시코시티를 가다

"여기는 멕시코 수도, 멕시코시티."

"아빠, 피부색이 우리랑 비슷한 사람이 많네요."

"조상이 먼 옛날 아시아에서 건너온 몽골 인종이거든."

"아스테카 왕국을 만든 사람들이요?"

멕시코 멕시코는 미국과 접하고 있으나, 라틴 아메리카에 속해. 원주민과 라틴족 문화가 뒤섞여 있는데, 혼혈인이 아시아 계통의 원주민과 백인을 합한 숫자보다 많단다.

"그래. 이들도 에스파냐의 식민 지배를 받았는데, '이달고 신부' 등의 활약으로 독립했지. 멕시코에는 원주민 전통과 함께 이들을 지배했던 라틴족 영향이 남아 있어. 인구의 절반 이상이 원주민과 에스파냐 사람의 혼혈이고."

"아, 그래서 이 지역을 '라틴 아메리카'라고 하는 거군요."

"멕시코의 원주민들은 독립 후에도 어려운 삶을 살았어. 미국에게 많은 땅을 빼앗겼고, 백인들이 정치권력과 재산을 독차지했거든. 1914년 농민들이 사파타, 판초 비야의 지도 아래 혁명을 일으켜 모두가 평등한 나라를 만들었지. 멕시코 사람들은 이를 매우 자랑스러워 해."

"여기는 소칼로 광장이야."

"마치 유럽에 온 것 같은데요?"

"에스파냐 식민 지배 때 만들어진 건물이 많으니까. 왼쪽 건물이 '메트로폴리탄 대성당'이야. 로마 가톨릭교회가 원주민 종교보다 우수함을 강조하기 위해 아스테카 신전 위에 세웠는데, 성당 안에는 원주민 얼굴을 한 마리아상을 모셔 놓았어. 유럽과 원주민 문화가 뒤섞인 결과지."

"오른쪽 건물도 큰데요?"

"대통령이 일하는 곳이야. 아스테카 궁전 터 위에 세워졌는데, 에스파냐 총독이 사용했단다. 안에 국립 문화 박물관도 있어. 자, 2층 벽화를 보러 가자. 원주민의 생활 모습부터 식민지 시대, 혁명 등 멕시코 역사를 한눈에 볼 수 있거든."

"아빠, 저기 악기 연주하며 노래 부르고 있어요."

"큰 전통 모자를 쓰고 기타, 비올라 등을 연주하며 노래하는 음악단이란다. 가난한 원주민의 삶을 담은 〈라 쿠카라차〉라는 곡이구나. 이 곡 역시 원주민과 에스파냐 음악이 뒤섞인 거란다."

소칼로 광장 에스파냐 통치자들이 식민지 시대에 아스테카 문명의 유적지 위에 이 광장을 만들었어. 전체적으로 유럽풍이지만, 곳곳에 있는 벽화와 음악 속에서 원주민의 혼을 느낄 수 있단다.

와~ 저기 악기 연주해요.

한 걸음 더!
아픈 역사를 가진 브라질을 만나다

라틴 아메리카 대부분의 나라는 에스파냐의 식민 지배를 받았으나, 브라질은 포르투갈 식민지였어. 19세기 초에 나폴레옹군이 포르투갈로 쳐들어오자, 포르투갈의 왕은 가족과 함께 브라질로 도망을 왔지. 나폴레옹이 몰락한 뒤 왕자를 남겨 두고 포르투갈로 돌아갔으나, 브라질에 대한 간섭을 계속했어.

1822년 왕자는 독립을 선언했어. 포르투갈 왕자가 황제가 되었으니, 제대로 된 독립이 아니었지. 1889년에는 노예 해방에 불만을 품은 백인 지주들이 황제를 쫓아내고, 공화 정부를 세웠어. 이 역시 민주주의와는 거리가 멀었지. 지주들은 더 부자

브라질 축구 국가 대표 백인 중심의 아르헨티나와 달리, 브라질의 축구 국가 대표 선수 중에는 아프리카에서 온 흑인의 피를 물려받은 흑인이나 혼혈인이 많아. 그래서 브라질은 '남아메리카의 아프리카'라고 불리지.

가 되었으나, 농민들은 여전히 가난했어. 20세기에도 농민들이 들고일어나고, 군인들이 비정상적으로 권력을 빼앗는 일이 이어졌지.

브라질 하면, 가장 먼저 뭐가 떠오르니? 아마도 '축구'라는 대답이 많을 거야. 월드컵에서 다섯 번이나 우승할 만큼 축구를 잘하는 나라니까. 축구에도 식민 지배와 노예 제도의 아픈 역사가 숨겨져 있어. 브라질에는 유독 피부색이 검은 선수가 많은데, 이들은 아프리카에서 끌려온 노예의 피를 이어받은 후손들이거든.

해마다 봄에 열리는 삼바 축제도 마찬가지야. 수천 명의 참가자가 화려한 옷을 입고 흥겨운 리듬에 맞추어 춤추는 행렬이 이어지지. 아프리카에서 끌려와 사탕수수와 커피 농장에서 힘겨운 노동에 시달리던 노예들의 아픔을 달래기 위해 국가적인 행사로 만든 거란다.

삼바 축제 축제 행진의 우승팀을 뽑는 대회야. 이 시기에는 모든 국민이 일손을 놓고 함께 축제를 즐긴단다. 40일 금식 기도를 시작하기 전 3일 동안 많은 음식을 마련한 가톨릭교회의 축제에 흑인 노예들이 참여하면서 국가적인 행사가 되었어.

친구들과 편을 나누어 싸운 적이 있니? 선생님이나 부모님께 된통 혼만 나고 얻은 게 별로 없었을 거야. 1차 세계 대전도 마찬가지였어. 이기든 지든, 결과는 고통뿐이었거든. 전쟁을 하다가 발을 뺀 나라도 있었어. 바로 러시아야. 사회주의 혁명이 일어났거든. 이후 사회주의 혁명은 세계사에 어마어마한 영향을 끼쳤어. 그럼, 지금부터 자세히 알아볼까?

1914년
1차 세계 대전(~1918년)

1917년
러시아 혁명

1917년
미국, 1차 세계 대전 참가

14
1차 세계 대전과 러시아 혁명

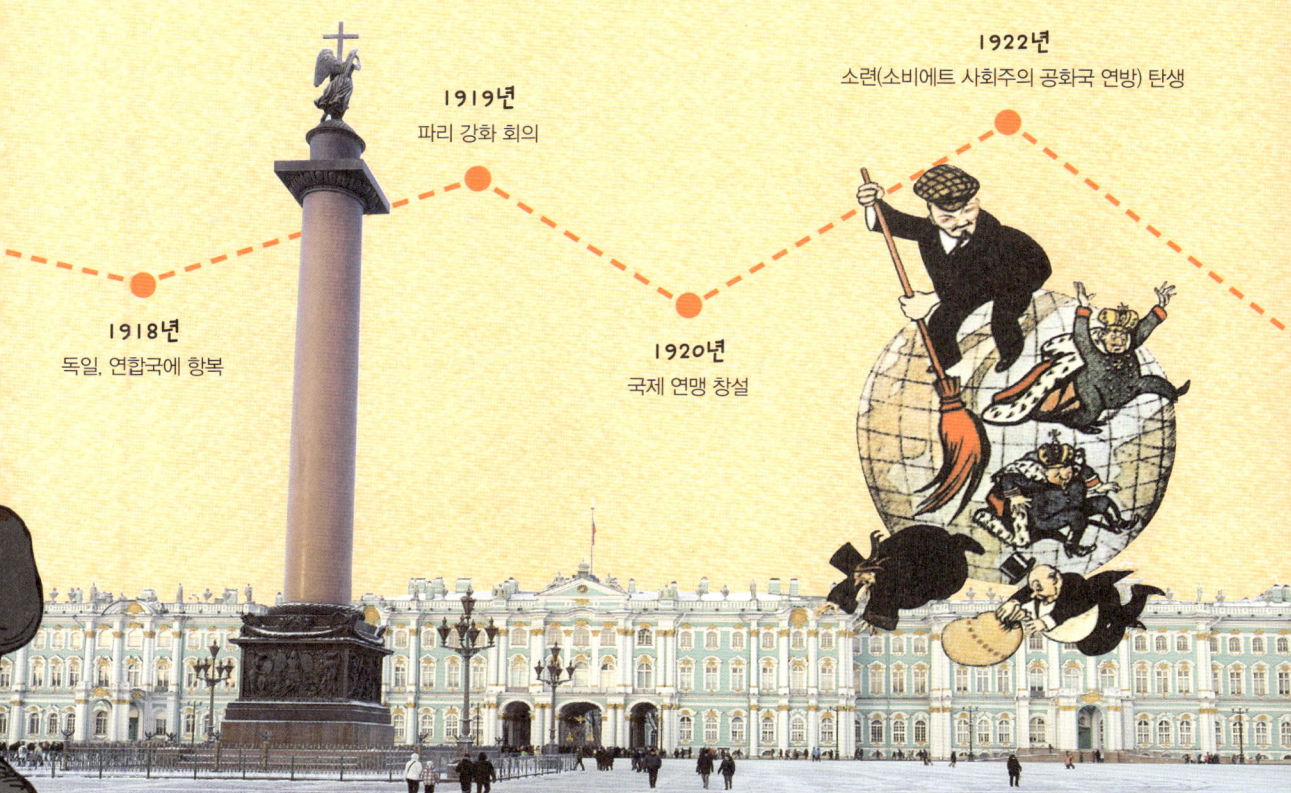

1919년
파리 강화 회의

1922년
소련(소비에트 사회주의 공화국 연방) 탄생

1918년
독일, 연합국에 항복

1920년
국제 연맹 창설

1차 세계 대전을 치르다

19세기 후반, 자본주의가 발달한 유럽 국가들이 값싼 원료와 노동력을 구하고, 상품을 판매할 식민지를 만들기 위해 열을 올렸어. '제국주의 시대'가 시작된 거야. 치열한 경쟁은 전쟁으로 번졌어. 1914년 유럽 남동부 발칸반도에서 시작된 전쟁은 유럽 전체로 퍼졌지. 같은 민족이나 입장이 비슷한 나라들이 줄줄이 참가했거든.

각 나라 정부는 국민을 전쟁터로 내몰았어.

"사랑하는 조국을 위해 목숨을 바치자!"

식민지를 늘리려는 욕심은 나라 사랑이라는 외침 아래 숨겼지. 전쟁은 참 잔인했어. 기관총, 대포, 전차 등 새로운 무기가 사용되었거든. 특히, 독가스는 두려움의 대상이었지.

1917년 전세가 연합국으로 기울기 시작했어. 독일 잠수함 공격으로 영국 배에 타고 있던 미국인 100여 명이 죽자, 미국이 전쟁에 뛰어들었거든.

독일군이 밀리자, 이들과 한편에서 싸우던 나라들이 하나둘 항복했어.

1차 세계 대전 총력전 유럽은 전쟁에 모든 힘을 쏟아부었어. 독일이 화학 무기를 개발하자 병사들은 독가스 마스크(왼쪽)를 써야 했고, 참호전(아래)으로 희생자도 늘었단다.

패배가 확실해지자, 일부 해군이 들고일어났고, 국민들도 합세해 전쟁 중단을 외쳤지. 1918년, 독일 황제는 도망갔고, 새로 만들어진 독일 공화국 정부는 선언했어.

"아무 조건 없이 연합국에게 항복한다."

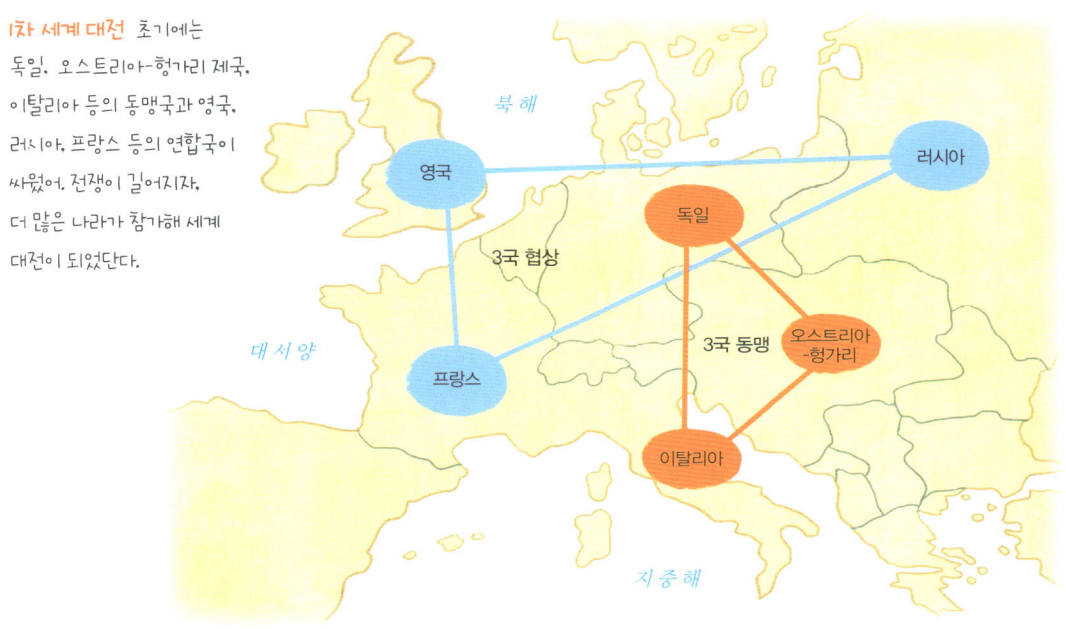

1차 세계 대전 초기에는 독일, 오스트리아-헝가리 제국, 이탈리아 등의 동맹국과 영국, 러시아, 프랑스 등의 연합국이 싸웠어. 전쟁이 길어지자, 더 많은 나라가 참가해 세계 대전이 되었단다.

U보트 독일이 만든 잠수함이야. 소리가 적고 속도가 빨라 연합국에게는 공포의 대상이었어.

미국의 군인 모집 포스터 미국 참전은 연합국이 승리하는 결정적인 계기가 되었어.

14 1차 세계 대전과 러시아 혁명

평화를 다지기 위해 노력하다

1919년, 연합국과 독일 대표가 전쟁 마무리를 위해 베르사유 궁전에서 만났어. 제국주의 때문에 전쟁이 일어났으니, 이에 대한 반성을 기대했으나, 예상은 빗나갔지.

"독일은 모든 해외 식민지를 포기한다."

"독일 육군은 10만 명, 함대는 10만 톤 이내로 하고, 공군과 잠수함은 금지한다."

"독일은 330억 달러의 배상금을 지불한다."

모든 책임을 독일에게 돌린 거야.

전쟁에서 이긴 제국주의 국가 식민지 사람들은 실망이 더 컸어. 전쟁 중에 미국 대통령 윌슨이 민족의 운명을 스스로 결정하는 '민족 자결주의'를 주장해 독립을 기대했는데, 전쟁에서 진 제국주의 국가 식민지만 독립했거든.

독립한 대부분의 나라에 공화정이 실시된 건 수확이었어. 패전국 독일과 오스트리아-헝가리 제국에서도 황제가 쫓겨나고, 국민이 주인인 정부가 들어섰지. 남자들이 전쟁터에서 싸우는 동안 공장에서 무기, 탄약 등을 만든 여성들이 선거권을 갖게 된

베르사유 조약의 풍자 만화 오른쪽에 1차 세계 대전에서 이긴 연합국을 어른으로, 왼쪽에 전쟁에서 진 독일을 어린이로 그려 넣었어. 전쟁의 모든 책임을 떠안은 어린이가 억울해서 울고 있어.

1차 세계 대전 이후 유럽 1차 세계 대전 이후 전쟁에서 이긴 나라의 식민지는 계속 식민지로 남았어. 하지만 전쟁에서 패한 독일, 오스트리아-헝가리 제국, 오스만 제국의 식민지들은 독립했지. 이들 대부분의 나라에서는 공화정이 실시되었단다.

것도 바람직한 변화였어.

가장 큰 위안은 전쟁에 대한 나름의 반성이야.

"국가 간의 다툼을 평화적으로 해결하는 기구가 필요해."

1920년, 62개 나라가 참여해 '국제 연맹'을 만들었어. 강대국 미국과 소련이 내부 사정으로 빠졌고, 평화 유지를 위한 군대가 없었지만, 전쟁 방지를 위해 여러 나라가 힘을 모은 뜻깊은 일이었어.

전쟁 희생자들 1차 세계 대전에 참전했던 프랑스 군인의 묘지(왼쪽)와 전쟁 뒤 독일 베를린 거리에서 구걸하고 있는 상이군인(오른쪽).

러시아에서 사회주의 혁명이 일어나다

1905년 1월 9일, 러시아 상트페테르부르크에 20만 명이 모였어. 조선을 놓고 일본과 싸우면서 식량 사정이 나빠져 굶주리게 된 노동자와 가족이었지.

"황제여, 빵과 평화를 주소서!"

이들을 맞이한 건 총을 든 군인이었어. 붉은 피와 시체가 광장을 뒤덮었지. 이를 '피의 일요일 사건'이라고 해.

1914년 1차 세계 대전이 일어나자, 황제는 위기에서 벗어나기 위해 서둘러 전쟁에 참여했어. 전쟁은 예상보다 길어져 식량과 물자가 더 부족해졌어. 1917년 3월, 노동자, 농민, 병사들은 자신들의 대표 기구인 '소비에트'를 만들고, 황제를 쫓아냈지.

임시 정부가 들어섰으나, 민중의 요구를 저버리고 전쟁을 계속했어.

3월 혁명 1917년 3월, 백성들이 붉은 깃발을 들고, "황제는 물러가라! 전쟁을 반대한다!"라며 들고일어났어. 병사들마저 등을 돌리자, 니콜라이 2세는 황제의 자리에서 물러날 수밖에 없었어.

'레닌'은 강력하게 주장했지.

"소비에트가 권력을 가져야 하며, 전쟁을 당장 멈추어야 합니다."

1917년 11월, 그의 지도 아래 민중들이 임시 정부를 무너뜨리고, 혁명 정부를 세웠어.

"혁명의 승리자는 노동자, 농민입니다. 러시아는 전쟁에서 발을 뺄 것이고, 공장과 토지도 노동자, 농민이 가질 것입니다. 여러분은 이곳에서 일한 만큼 대가를 받을 것입니다."

레닌이 최초의 '사회주의 국가' 탄생을 선언한 거야. 민중들의 함성이 곳곳에 울려 퍼졌지.

"사회주의 혁명, 만세! 레닌, 만세!

11월 혁명 1917년 11월, 레닌을 지지하는 노동자와 병사들이 "임시 정부는 물러가라!"며 무기를 들었어. 그 결과, 임시 정부가 무너지고, 노동자와 농민의 소비에트 혁명 정부가 들어섰단다.

소비에트 사회주의 공화국 연방이 탄생하다

첫 사회주의 국가의 앞길은 험난했어. 땅과 공장을 빼앗긴 지주와 자본가들이 반혁명군을 만들어 맞섰거든. 영국, 프랑스, 미국 등 자본주의 국가들도 이들을 도왔지.

"피로 이룬 혁명과 이로써 얻은 땅과 공장을 지켜 내자!"

1920년, 노동자와 농민이 또다시 무기를 들어 희생 끝에 승리했어.

1차 세계 대전과 내전은 경제를 엉망으로 만들었어. 공장은 무너지고 땅은 황무지가 되었지. 자본주의 국가와의 무역도 끊겨 버렸어.

정부는 농산물 판매, 중소기업 활동 등을 인정하는 신경제 정책을 실시했지.

러시아 내전 포스터 레닌이 빗자루로 자본주의 여러 나라의 도움을 받아 혁명 세력에 맞섰던 황제, 귀족, 자본가 등을 쓸어 버리는 모습이야.

어려움 속에서도 레닌은 더 큰 꿈을 향해 나아갔어.

"여러 나라 사회주의자 모임을 만들어야겠어. 함께 공부하고 돕다 보면, 사회주의 국가가 더 늘어날 거야."

국제 공산당 조직인 '코민테른'이 만들어지자, 사회주의 인기가 곳곳에서 높아졌어. 1922년, 주변 나라를 끌어들여 '소비에트 사회주의 공화국 연방'을 만들었지.

소비에트 사회주의 공화국 연방의 탄생 1922년 12월 30일, 러시아 소비에트 연방 공화국에 우크라이나, 벨라루스, 자카프카지예 등 3개국이 가입해 '소비에트 사회주의 공화국 연방'이 만들어졌어.

레닌이 죽은 뒤 '스탈린'이 공산당을 이끌었어. 정부가 계획에 따라 필요한 곳에 인력과 자원을 배치하는 사회주의 경제의 장점이 발휘되자, 중공업이 발전했고, 민중들의 생활도 좋아졌어. 하지만 그는 많은 반대파를 죽여 독재자라고 비판받았단다.

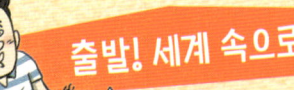

혁명의 도시, 상트페테르부르크를 가다

"여기는 러시아 상트페테르부르크야."

"아빠, 이 도시는 어떤 역사를 가지고 있나요?"

"이름은 '표트르가 만든 성스러운 도시'라는 뜻이야. 약 300년 전 표트르 대제가 습지대를 돌로 메워 만들었단다. 러시아 혁명이 시작된 도시이기도 하지. 한때 '레닌그라드'로 불린 것은 이 때문이야. 곳곳에 기념물과 유물이 널려 있어 도시 자체가 '지붕 없는 박물관'이지."

러시아 상트페테르부르크는 러시아 북서부에 있단다. 유럽으로 들어가는 길목에 있어서 흔히 '유럽을 향한 창문'이라고 불리지. 수도 모스크바에 이어 460만의 인구를 자랑하는 러시아 제2의 도시란다.

"우리는 어디를 가 보나요?"

"상트페테르부르크 모든 곳은 넵스키 길로 통한다는 말이 있어. 4.5킬로미터의 길을 따라 걸으면, 고풍스러운 옛 건물과 최근에 만들어진 화려한 호텔, 레스토랑 등이 조화를 이루는 풍경을 볼 수 있단다."

"저기 강이 보이는데, 유람선은 없나요?"

"저녁에 탈 거란다. 여러 개 섬을 물길과 다리로 연결한 '물의 도시'이기도 하거든. 자, 돌아볼 곳이 많으니, 조금만 서두르자."

러시아 추워.

이삭 성당 19세기에 표트르 대제를 기리기 위해 만든 성당이야. 길이 111미터, 폭 97미터, 높이 101미터로, 1만 4000명이 들어갈 수 있는 규모야. 반짝이는 둥근 돔 지붕이 눈에 먼저 들어오기 마련인데, 100킬로그램의 금이 들어갔으니 당연한 일이겠지.

궁전 광장에서 바라본 겨울 궁전
중앙에 있는 원기둥은 알렉산드르 1세가 프랑스의 나폴레옹 군대를 물리친 것을 기념해 세운 거야. 1905년 '피의 일요일' 사건의 현장이며, 1917년 러시아 혁명이 일어난 역사적인 장소란다. 지금은 겨울 궁전에 예르미타시 미술관이 들어서 있어.

여긴 물의 도시지.

에취~

한 걸음 더!
레닌, 러시아 혁명을 이끌다

1870년 4월 22일, 모스크바 근처 작은 마을, 농노의 아들로 태어나 교육자가 된 남편과 의사 딸인 아내가 셋째 아이를 얻었어. 그의 이름은 '블라디미르 일리치 레닌'. 아이는 교육 수준이 높고, 교양 있는 부모 밑에서 평범하게 자랐지.

17살 되던 해, 레닌은 감당하기 힘든 일을 겪었어. 큰형이 황제 암살 음모 사건으로 처형된 거야.

'형이 꿈꾸는 나라는 어떤 것이었을까?'

레닌은 민주주의와 공산주의 책을 뒤적거리기 시작했어. 그해 대학교 법학과에 들어갔으나, 불법 집회에 참가했다는 이유로 퇴학당했지. 학교에서 함께 쫓겨난 친구들과 마르크스의 《자본론》 등 공산주의 책을 열심히 읽었어.

법률 공부도 꾸준히 해 20살에 변호사가 되었어. 이후 여러 나라 사회주의자들을 만나며 마음먹었지.

'노동자 계급을 위한 모임을 만들어야겠어.'

이로 인해 1년 넘게 감옥에 갇혔고, 3년 동안이나 시베리아로 쫓겨나 지냈어.

코민테른 창립 대회 1922년 12월 30일, 러시아 소비에트 연방 공화국에 우크라이나, 벨라루스, 자카프카지예 등 3개국이 가입해 '소비에트 사회주의 공화국 연방'이 만들어졌어.

같이 활동하던 약혼녀가 그곳까지 따라왔는데, 두 사람은 그곳에서 결혼했어.

레닌은 풀려났으나, 독일 등 해외를 떠돌아야 했어. 이 상황에서도 사회주의 혁명에 대한 고민을 멈추지 않았지. 28살 때, '러시아 사회민주노동당'이 만들어졌어. 35살 때 피의 일요일 사건, 44살 때 1차 세계 대전이 일어났지. 러시아 민중들의 생활은 점점 힘들어졌어. 46살 되던 해에는 황제가 쫓겨나고 임시 정부가 들어섰으나, 이 역시 제 역할을 하지 못했지.

그해 10월, 레닌은 러시아로 들어와 소비에트를 설득했어.

"임시 정부를 무너뜨리자. 지금이 소비에트가 권력을 차지할 수 있는 기회다."

소비에트가 군대를 조직하고 민중들이 힘을 더하자, 임시 정부는 힘없이 무너졌어.

"이제 모든 권력은 소비에트로 넘어왔다."

처음으로 노동자, 농민 정부가 만들어진 거야. 레닌 개인에게는 구속과 망명이 되풀이되는 어려움을 끝내고, 가슴에 간직했던 평생 꿈을 이루는 순간이었지.

레닌 몸집은 작았으나 그의 날카로운 눈빛에는 사회주의 혁명을 향한 결코 꺼지지 않는 열정이 담겨 있었어. 레닌은 54살에 뇌동맥 이상으로 눈을 감는 순간까지 사회주의의 완성과 세계화를 위해 온 힘을 다 바쳤단다.

너 혹시 친구와 싸워서 선생님한테 불려 가 혼난 적 있니? 선생님이 화해시켰겠지만, 표정이 좋지 않은 경우가 많지. 마음 내키지 않는데, 억지로 화해하는 거니까. 이런 경우, 두 친구는 머지않아 또 싸우게 되어 있어. 2차 세계 대전도 마찬가지였어. 독일은 1차 세계 대전의 모든 책임을 떠안아 불만이 많았거든. 2차 세계 대전은 이전 전쟁보다 훨씬 더 무지막지했어.

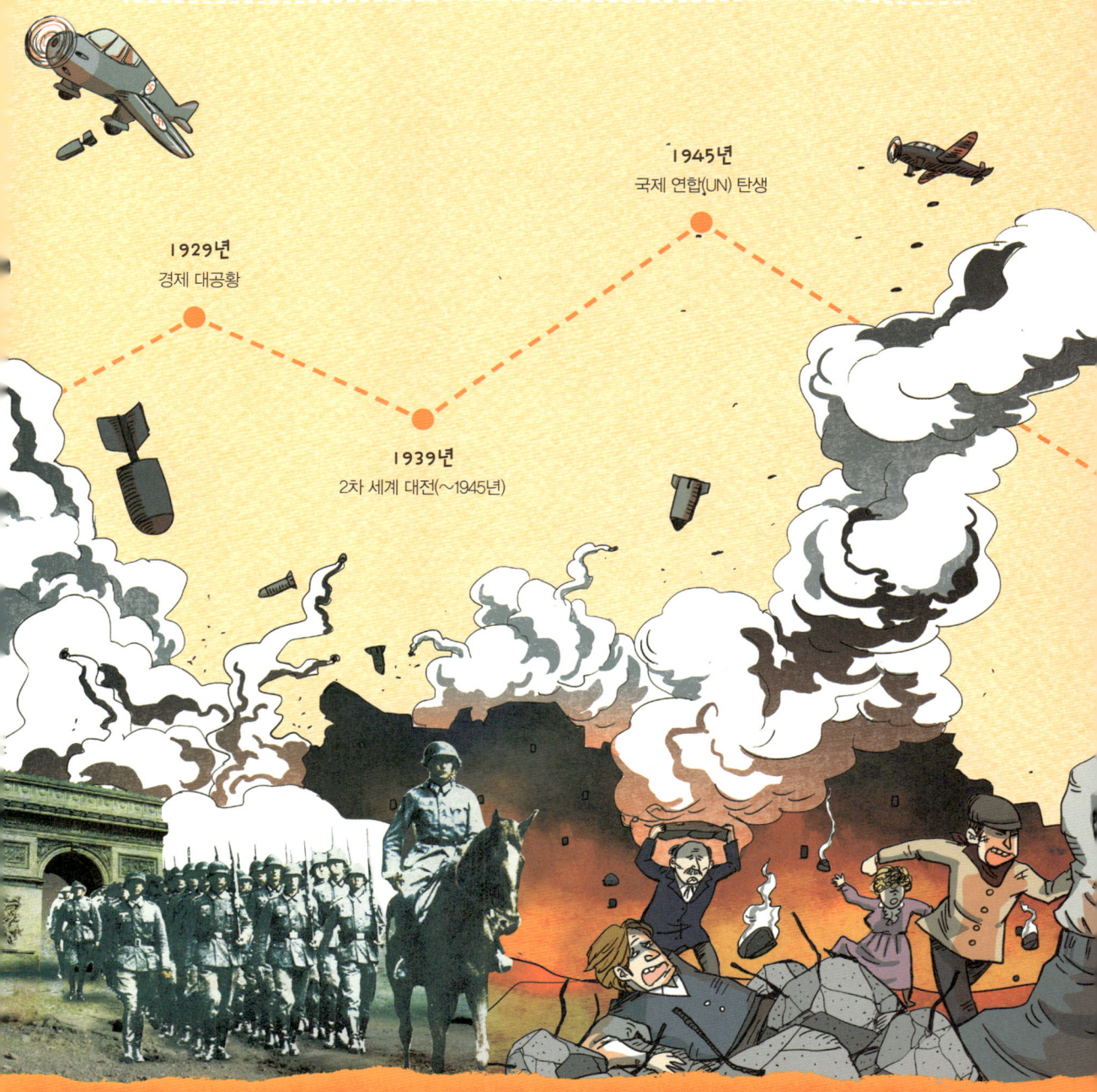

1929년
경제 대공황

1939년
2차 세계 대전(~1945년)

1945년
국제 연합(UN) 탄생

15
2차 세계 대전과 새로운 국제 질서

1959년
쿠바, 사회주의 정부 수립

1968년
소련, 체코슬로바키아 민주화 운동 진압

1949년
독일 분단

자본주의 경제에 위기가 찾아오다

1차 세계 대전 후 미국은 자본주의를 이끌었어. 전쟁으로 폐허가 된 유럽은 물론, 세계를 시장으로 어마어마한 돈을 벌어들였지. 연이은 기술 개발도 힘을 보탰어. 더 많은 돈을 벌 것이라는 기대는 투자로 이어졌지. 공장은 늘어났고, 기계는 전보다 더 빨리 움직였으니, 상품이 산더미처럼 쌓였어.

하지만 만드는 만큼 판매가 되지 않았어. 자본가들은 노동자들의 월급을 올려 주는 데 인색했거든. 자본가들은 생산량을 줄이고, 노동자들을 공장에서 쫓아냈지. 공장과 상점에는 상품과 음식이 쌓여 있는데, 거리에서 굶주린 사람들이 쓰레기통을 뒤지는 믿기 힘든 일이 일어났어.

1차 세계 대전 후 미국의 번영 손에 쥔 포크에 '주식'이 꽂혀 있고, 터질 듯 불룩한 배에는 '투기에 미친 대중'이라 쓰여 있어. 자본주의의 무한한 발전을 확신하고, 주식 투자에 열중하던 당시 사람들의 모습을 풍자하는 그림이야.

1929년 10월 24일, 뉴욕 월가의 증권 거래소가 시끄러웠어. 주식 가격이 일찍이 없었던 수준으로 떨어지자 이를 팔려는 사람들이 몰려들어 난장판이 되었지.

"내 주식을 모두 팔겠소!"

"나도 팔아야겠소!"

위기감이 커지자, 주식은 휴지 조각이 되고, 공장은 물론, 은행까지도 문을 닫는 일이 이어졌어. 실업자는 더 늘어났고, 소비 역시 더욱 줄어들었지. 경제 위기는 미국에 국한되지 않았어. 미국은 세계 여러 나라와 가장 활발하게 무역했으니까. 태평양과 대서양 건너 다른 자본주의 국가도 경제 위기를 겪었는데, 이를 '대공황'이라고 해.

뉴욕 주식 시장에 몰려든 사람들과 직장에서 쫓겨난 사람들 1929년 10월 24일, 미국 증권 거래소 근처 모습이야. 1933년 미국에서는 1300만 명이 실업자가 되었는데, 이는 4명 중 1명이 직장에서 쫓겨난 결과란다.

경제 위기로 전체주의가 등장하다

대공황으로 실업자가 된 사람들과 굶주리는 자들이 일자리와 생존권을 요구하는 시위를 이어 가자, 미국 루스벨트 대통령은 돌파구를 찾아야 했어.

"자유롭게 내버려 두면, 모두가 풍요롭게 살 거라는 믿음이 깨졌어. 정부가 나서 노동자의 주머니를 채워 줘야 해."

그는 댐 공사 등을 벌여 일자리를 만들었어. 노동자들이 노동조합을 만들어 회사 대표와 협상할 수 있도록 했지. 노인, 장애인, 가난한 자 등에게는 따로 돈을 주었어. 자본이 충분했기에 가능한 방법이었지.

프랑스와 영국은 식민지를 이용했어.

"팔고 남은 물건들은 식민지에 떠넘겨야겠어."

식민지 민중들은 더 큰 어려움을 겪어야 했지.

미국의 뉴딜 정책 루스벨트 대통령은 '뉴딜'이라는 대규모 사업을 벌여 실업자들에게 일자리를 제공했어. 정부가 일자리를 만드는 데 적극적으로 나선 거야.

독일, 이탈리아 등은 해결책을 찾지 못하고 있었어. 자본도, 식민지도 많지 않았거든.

"다른 나라를 침략해서라도 어려움에서 벗어나야 해."

대공황과 사회주의가 무서웠던 자본가들이 적극적으로 나섰어. 독일에서 히틀러가, 이탈리아에서 무솔리니가 권력을 차지했지. 이들은 국가와 민족의 이익을 앞세워 국민 희생을 강요했는데, 이를 '전체주의'라고 해.

나치 전당 대회의 히틀러
히틀러는 "1차 세계 대전에서 짓밟힌 독일의 자존심을 되찾기 위해, 사회주의자에게 조국을 빼앗기지 않기 위해, 게르만 족의 영광을 위해 뭉치자!"라고 주장했어. '나치당(Nazis)'은 '국가 사회주의 독일 노동자당'의 머리글자를 딴 거란다.

2차 세계 대전이 터지다

독일, 이탈리아, 일본에 전체주의 정부가 들어서자, 세계는 다시 전쟁의 소용돌이로 빠져들었어. 일본이 중국을 침략하는 동안, 독일은 소련과 서로 공격하지 않기로 비밀리에 약속하고, 이탈리아와 힘을 합해 서유럽 여러 나라를 차지했지. 섬나라 영국 하늘도 폭탄을 쏟아붓는 독일 전투기로 뒤덮였어. 사람들은 절망했지.

"서유럽이 전체주의의 손에 들어가다니……."

1941년, 전쟁터는 더욱 늘어났어. 독일 히틀러가 약속과 달리, 소련으로 쳐들어갔고, 일본은 미군이 있는 진주만을 공격했거든. 이에 맞서 소련과 미국, 영국, 프랑스 등이 한편이 되었어. '연합군'이 만들어진 거야.

독일군의 파리 진격 오스트리아, 덴마크, 노르웨이, 네덜란드, 벨기에를 차지한 독일군이 1940년 프랑스를 공격해 파리 개선문으로 들어가는 모습이야.

살려 주세요.

노르망디 상륙 작전 1944년 6월, 미국 아이젠하워 장군의 지휘 아래 연합군이 프랑스의 노르망디 바닷가로 들어간 작전이야. 병사 15만 6000명, 배 1200척, 비행기 1만 대가 동원되어 '지상 최대의 작전'으로 불렸단다.

1942년, 연합군이 반격을 시작했어. 미국이 미드웨이 해전에서 일본에게, 다음 해 소련이 스탈린그라드 전투에서 독일에게, 연합군이 아프리카에서 독일과 이탈리아에게 차례로 승리했지.

"이탈리아 땅까지 계속 진격한다."

이탈리아가 항복하고, 무솔리니는 붙잡혀 처형되었지.

연합군은 독일군을 계속 뒤쫓았어. 1944년 아이젠하워 장군의 지휘 아래 프랑스 노르망디 해변에 상륙하고, 파리까지 나아갔지. 1945년 수도 베를린이 무너지자, 히틀러는 자살하고, 다음 달 독일이 항복했어. 홀로 싸움을 이어 간 일본 역시 8월 초 미국에게 원자 폭탄을 맞고 두 손을 들었지.

전쟁 싫어.

미국과 소련, 최강국이 되고자 경쟁하다

2차 세계 대전 후 전쟁에 대한 한층 더 깊은 반성이 있었어. 1948년 10월, 전쟁을 막고, 서로 돕기 위해 '국제 연합'이 탄생했지. 평화 유지를 위해 국제 연합군도 만들었어.

하지만 미국과 소련의 관계가 멀어졌어.

"유럽에 사회주의가 퍼지지 않도록 하겠어."

2차 세계 대전 이후의 유럽 2차 세계 대전 후 동유럽에는 사회주의 정권이 들어서고, 서유럽에서도 공산당의 인기가 높았어. 이에 미국은 서유럽 여러 나라를 경제적으로 도우며 사회주의가 퍼지는 것을 막았지.

체코슬로바키아로 들어가는 소련군 1968년에 체코슬로바키아는 공산당의 권한을 제한하는 개혁을 추진했어. 소련은 이를 공산주의에 대한 도전으로 여기고, 군대를 보내 막았단다.

미국이 소리를 높이자, 소련도 가만있지 않았지.

"자본주의에 당당하게 맞서겠어."

서유럽에 자본주의, 동유럽에 사회주의 정권이 들어섰지. 남한과 북한으로 갈라진 한반도에 이어 독일도 동독과 서독으로 분단되었단다.

소련과 미국의 대립을 '냉전'이라고 해. '차가운 전쟁'이라는 뜻이지. 총을 쏜 것은 아니지만, 전쟁하는 것처럼 긴장이 이어졌거든. 1962년 소련이 쿠바에 미사일 기지를 만들려고 하다가 전쟁 위기를 겪기도 했어.

소련과 미국은 힘이 약하거나 말을 듣지 않는 나라를 드러내 놓고 괴롭혔단다.

1968년, 소련은 체코슬로바키아 민중이 공산당에 맞서 경제적 자유와 정치 민주화를 요구하자, 탱크를 몰고 가 억눌렀어. 1970년 미국은 베트남 전쟁에 군대를 보내 공산당 정권을 공격했지.

세계 여러 나라, 미국과 소련에 맞서다

미국과 소련이 강력한 힘을 앞세워 세계를 갈라 먹는 데 반대하는 움직임이 일어났어. 1949년, 유럽 민중이 파리, 프라하 등지에서 목소리를 높였지.

"평화 기원! 군사 동맹체 건설 반대!"

원자 폭탄 금지 서명에도 5억 명이 참여했어. 평화에 대한 간절한 열망을 드러낸 거야.

비동맹국의 지도자들 1961년에 유고슬로비아에서 열린 비동맹국 회의에 참가한 이집트의 나세르(왼쪽), 인도의 네루(가운데), 유고슬로비아의 티토의 모습이란다. 이들을 포함한 25개국 지도자들은 만장일치로 냉전 반대를 선언했어.

1960년대에는 2차 세계 대전 이후 독립한 아시아, 아프리카 여러 나라가 손을 잡았어.

"세계 평화, 주권 존중, 상호 협력!"

미국이나 소련 편에 서지 않고, 독자적인 길을 걸었기에 '비동맹 세력' 또는 '제3세계'라고 불렸지. 참가국이 늘어나면서 미국과 소련을 견제하는 존재로 성장했어.

라틴 아메리카도 예외가 아니었어. 민중이 미국과 손을 잡은 정부와의 싸움에 나섰지. 시작은 쿠바 혁명이었어. 1959년 '카스트로'와 '체 게바라'의 지도로 3년 전투 끝에 미국을 등에 업은 대통령을 몰아낸 거야.

"쿠바인의 해방, 자립!"

카스트로는 사회주의 정권을 세우고, 가난에서 벗어나려 노력했어.

1979년 인도 북부 아프가니스탄은 10년 동안 싸워 소련군을 쫓아냈어. 정치적·경제적인 어려움 속에서도 지금까지 목소리를 이어 가고 있단다.

"소련, 미국 등 서양 세력에 반대한다."

체 게바라(왼쪽)와 카스트로 쿠바 사회주의 혁명을 이끈 주인공이야. 쿠바와 라틴 아메리카는 물론 사회주의를 지지하는 전 세계 젊은이들의 우상이었어.

출발! 세계 속으로

혁명의 나라, 쿠바를 가다

"여기는 쿠바 아바나. 아빠가 꼭 오고 싶었던 나라야."

"어떤 나라인데요?"

"카리브해 섬나라로, 물감을 풀어 놓은 듯한 파란 바다와 설탕의 원료인 사탕수수, 담배 등으로 유명해. 힘겨운 노동에 지친 원주민과 노예들에게 위안을 주던 춤과 음악도 빼놓을 수 없겠네."

"그렇군요. 텔레비전에서 봤는데, 야구도 잘하던데요?"

"맞아. 가장 큰 자랑거리는 자유와 평등을 향한 도전의 역사야. 1889년 에스파냐로부터 독립했고, 1961년에 사회주의 혁명에 성공했어. 1962년에는 소련 미사일 기지를 만드는 걸 허용했다가 미국과 관계가 크게 나빠졌지. 이후 미국의 경제 제재로 지금까지 어려움을 겪고 있어. 2016년 미국 대통령이 80여 년 만에 쿠바를 방문해 화해를 시도했고, 쿠바는 이를 이용해 경제에 새바람을 일으키려 하고 있단다."

"딸들, 저 파란 바다로 뛰어들고 싶지? 하지만 자유와 평등을 향한 쿠바인의 위대한 도전의 역사를 공부하는 게 먼저란다."

쿠바 카리브해의 섬나라로, 공식 이름은 쿠바 공화국이고, 수도는 아바나야. 면적은 한반도의 2분의 1, 인구는 1140만 명 정도란다. 사회주의 혁명이 일어난 뒤 우리나라와 멀어지고 북한과 친해졌지만, 한국 전쟁 때는 우리나라를 경제적으로 도와주었어.

공부 좀 하자.

아바나 대성당 18세기 쿠바를 식민 지배한 에스파냐 사람들이 만든 성당이야. 아메리카 대륙에서 가장 아름다운 건물로 손꼽히지. 안에는 아메리카에 처음 발을 디딘 콜럼버스의 무덤도 있단다.

혁명 박물관 쿠바의 전체 역사를 한눈에 볼 수 있는 곳이야. 사회주의 혁명 전에는 대통령 궁이었으나, 혁명 이후 박물관으로 사용되고 있단다.

호세 마르티 쿠바의 독립을 위해 에스파냐에 맞서 싸운 시인이자 혁명가야. 1895년 에스파냐군과 싸우다가 죽었지만 지금까지 '쿠바 독립의 아버지'로 존경받고 있단다.

 **한 걸음 더!**

2차 세계 대전은 민간인 학살 전쟁이었다

2차 세계 대전은 역사상 가장 크고 잔인한 전쟁이었어. 세계 인구의 20퍼센트가 전쟁에 동원되었는데, 희생자가 6000만 명이나 되었지. 이 중 군인의 2배가 넘는 약 4000만 명이 민간인이었어. 엄청난 파괴력을 지닌 무기와 폭탄이 전쟁터와 후방을 가리지 않고 사용되었거든.

아우슈비츠 강제 수용소 나치가 폴란드 남쪽에 만든 강제 수용소야. 나치는 이곳에서 독가스 생체 실험 등 잔인한 방법으로 유대인을 집단적으로 죽였어.

유대인 생체 실험 오스트리아 에벤제의 집단 수용소에 갇혀 있는 포로들이야. 이곳에서 나치는 포로들을 대상으로 생체 실험을 했어.

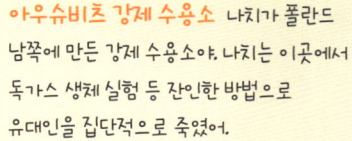

민간인 희생자가 많았던 것은 히틀러 등 전체주의 지도자들의 인종 차별 때문이기도 해. 독일 나치는 수용소를 만들어 수많은 유대인을 죽였어. 슬라브족과 소수 민족, 나치의 정책에 반대한 사람은 물론, 자신들과 생각이 다른 공산주의자, 전쟁에 도움이 되지 않는 장애인들도 대상이었지. 이들을 다 합치면 1100만~1700만 명이나 돼.

전체주의 지도자들이 적들만 희생시킨 게 아니야. 국민에게도 희생을 강요했어.

"국민들이여, 민족을 위해 몸과 마음을 모두 바쳐라!"

"오직 나만이 민족의 나아갈 길을 안내할 진정한 영웅이다."

심지어 어린 소년, 소녀들까지 전쟁에 끌어들였어. 히틀러는 10~18세의 청소년을 모아 모임을 만들고, 유대인이나 나치에 반대하는 자들을 찾아내 신고하게 했지. 소년들은 전쟁터로 보내지기도 했는데, 절반은 살아 돌아오지 못했어. 전체주의가 국민 개개인의 행복과 자유를 추구하지 않았음을 잘 보여 주고 있지.

이탈리아의 파시스트 청소년단 10살 정도 되어 보이는 어린 소년들이 무기를 들고 서 있는 모습이야. 전체주의 지도자들은 청소년을 동원해 모임을 만들고, 군대식 생활과 국가에 대한 충성을 강요했어.

15 2차 세계 대전과 새로운 국제 질서

사회주의와 자본주의의 대표, 소련과 미국. 자기가 최고라며 줄기차게 싸우던 두 나라가 1989년 화해했어. 이념 대결보다 잘 먹고 잘 사는 데 집중하려 했거든. 소련은 미국에게 돈을 빌려 경제 살리기에 힘썼으나, 민중들이 더 많은 것을 요구하자, 결국 무너졌어. 미국은 세계를 무대로 힘을 더 키워 갔지. 최근에는 미국을 견제할 새로운 강자들이 떠오르고 있어. 과연, 이들의 미래는 어떨까?

1989년
미국과 소련, 냉전 종결 선언

1990년
독일 통일

1992년
소련 해체, 독립 국가 연합(CIS) 결성

1993년
유럽 연합(EU) 탄생

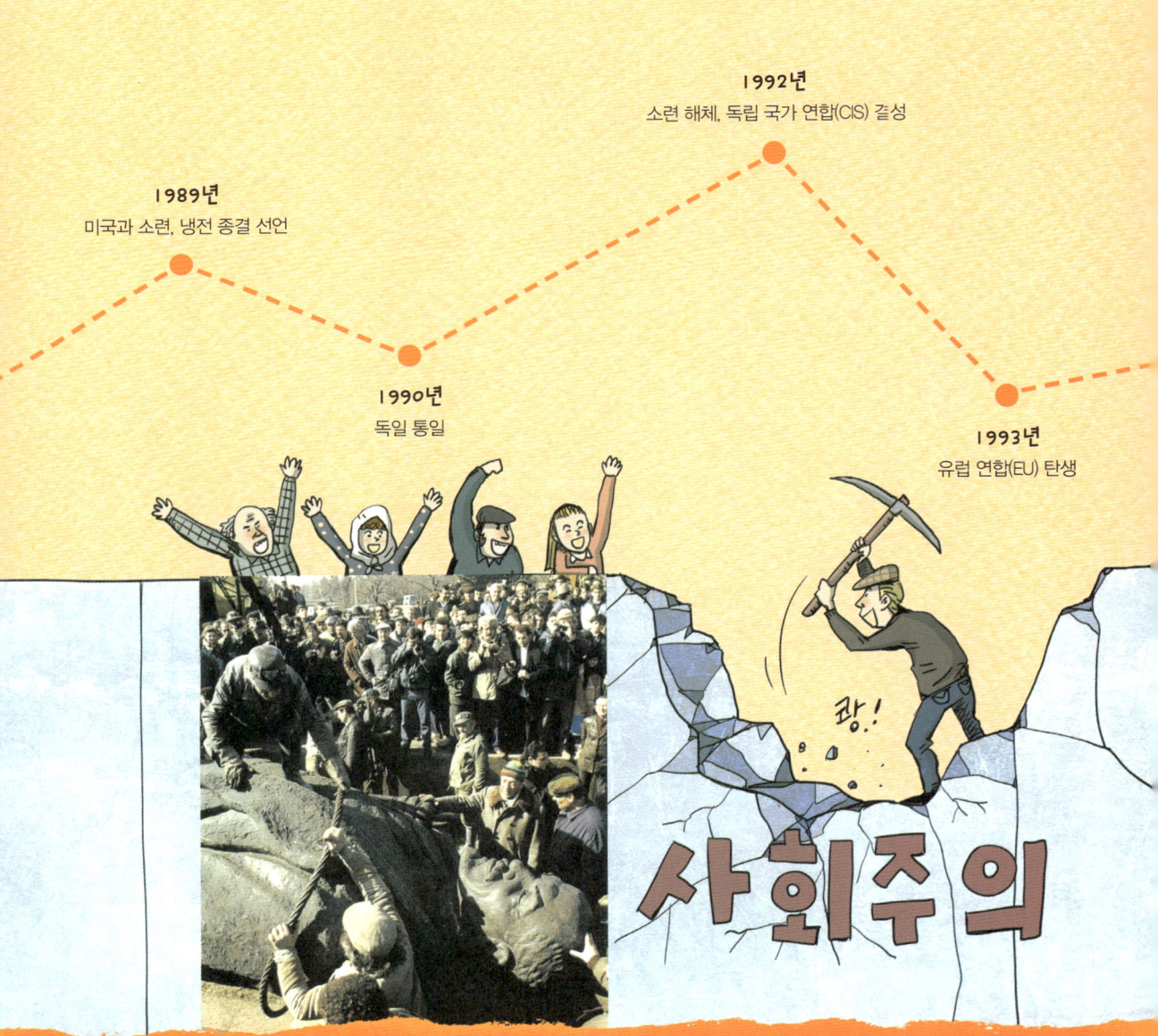

16 지금 우리가 사는 세상

1995년 세계 무역 기구(WTO) 결성

2001년 미국, 뉴욕 세계 무역 센터 피폭

1996년 영국, 양 복제 성공

자본주의와 사회주의, 산업화 경쟁을 하다

2차 세계 대전 후 미국, 서독 등 자본주의 국가들이 빠르게 성장했어. 개성과 창의성을 발휘해 새로운 기술을 만들어 냈고, 변화를 두려워하지 않았거든.

"대공황과 전쟁을 또 겪지 않으려면, 정부가 더 큰 역할을 해야 해."

노동자 월급을 올려 주고, 일하는 환경을 좋게 만들었어. 노동조합도 인정했지. 노동자가 상품을 사자, 기업도 안정을 되찾았어.

가난한 자, 여성, 노인, 장애인 등에 대한 배려에도 힘썼어.

"세금을 늘려 사회적 약자들을 정부가 책임져야 해."

이를 '복지 정책'이라고 하지. 이러한 노력은 정부 간섭 없는 자유 경쟁, 개인 재산의 철저한 보호 등 자본주의 기본 원칙에 손을 댄 거라 '수정 자본주의'라고 불러.

소련을 비롯한 동유럽 사회주의 국가들도 산업화에 열을

텔레비전과 대중문화 경제적 여유가 생기자 사람들은 유행 따라 옷과 구두를 바꾸고, 영화, 음악, 스포츠 등에 열광했어. 그 결과 대중문화가 발달했는데, 텔레비전에 나오는 배우, 가수, 스포츠 스타들은 전 세계 젊은이의 관심을 한 몸에 받았단다.

사회주의 국가들의 움직임 1980년대에 소련과 동유럽 여러 나라에서 정치 민주화, 경제 개혁과 개방을 주장하는 외침이 터져 나왔어. 사진은 루마니아 시민들이 독재자 차우셰스쿠에 반대해 구름처럼 모여든 모습이야.

올렸어.

"국민의 경제적 부와 평등을 동시에 이루자!"

사회주의 계획 경제의 장점이 발휘되자, 1950년대 평균 8퍼센트 경제 성장률을 이어 갔어. 모두 함께 잘사는 사회주의의 꿈이 이루어지는 듯했지.

하지만 1960년대 중반부터 힘을 잃어 갔어. 하나뿐인 정당인 공산당 간부들이 전체보다 자기 이익을 먼저 챙겼거든. 일을 많이 하든 적게 하든 같은 월급을 받는 사람들은 열심히 일할 필요성을 느끼지 못했어. 무기와 관련된 중화학 공업만 키우는 것에 대한 불만도 컸지.

"경제 성장률이 무슨 소용이야. 먹을 것이 모자라고, 생활용품의 질도 떨어지는데……"

우유빛깔 비틀스!

16 지금 우리가 사는 세상   229

독일이 통일되고, 소련이 무너지다

1989년 12월, 소련 공산당 지도자 고르바초프가 미국 대통령 부시와 만났어. 자본을 빌리고, 기술을 배우기 위해 미국에게 손을 내민 거야. 부시는 그의 손을 잡았어. 무기 경쟁이 부담스러웠거든. 이들은 화해를 선언했어.

"냉전은 끝났다."

이즈음 동독과 서독을 가로막고 있던 베를린 장벽이 무너졌어. 서독으로 가려는 동독 민중들이 무너뜨린 거야. 1990년 3월, 자유선거로 새롭게 들어선 동독 정부는 서독과의 통합을 결정했어.

"통일 독일, 만세!"

분단 41년 만에 다시 하나가 된 독일인의 가슴에는 기쁨과 감격이 가득했지.

베를린 장벽의 붕괴 냉전 시기 베를린 장벽은 절대 넘어지지 않을 '철의 장막'이라 불렸어. 하지만 미국과 소련이 냉전이 끝났음을 선언하자, 1989년 11월 너무나 쉽게 무너졌단다.

소련 해체와 레닌 동상 파괴 1991년에 동유럽 여러 사회주의 국가들이 소련(소비에트 사회주의 공화국 연방)에서 독립했어. 화가 난 군중들이 소련의 영웅이었던 레닌 동상을 무너뜨렸지.

소련의 고르바초프는 정치 민주화와 경제 살리기에 속도를 붙였어.

"공산당이 아닌 정당을 인정하고, 자본주의의 기술과 자본을 더 받아들인다."

1991년 8월, 이에 반대하는 공산당 보수 세력이 군사 반란을 일으켰어. 러시아 공화국 대통령 옐친은 탱크 위에 올라가 막아섰지. 민중이 그의 편에 서자 군사 반란은 실패했고, 소련 공산당이 무너졌어. 고르바초프도 물러났지.

소비에트 연방에 속해 있던 나라들은 독립했어. 영웅이 된 옐친은 이들 나라를 모아 '독립 국가 연합(CIS)'을 만들었지. 폴란드, 루마니아, 체코슬로바키아 등 소련에 속하지 않았던 다른 사회주의 국가에서도 공산당 독재가 막을 내렸어.

자유 무역 바람이 거세지고, 지역 경제 협력체가 만들어지다

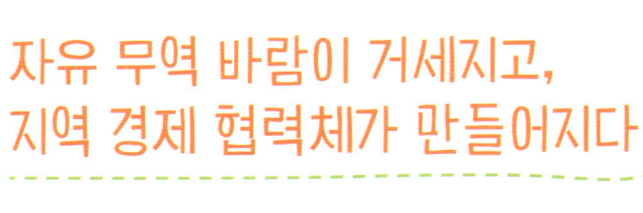

소련이 무너지자, 자본주의 국가들은 목소리를 높였어.

"소련 붕괴는 사회주의 계획 경제에 대한 자본주의 자유 경제의 승리를 확인한 거야. 자유 경쟁을 더욱 강화해야 해."

러시아와 중국은 물론, 다른 사회주의 국가들도 시장을 더 개방하고, 자본주의의 장점을 받아들였지.

미국은 세계 경제의 중심으로 우뚝 섰어. 1995년에는 세계 무역 기구가 만들어져 자유 무역이 더욱 힘을 얻었지. 미국 자본은 국가를 넘어 세계 곳곳을 파고들었어. '세계화 시대'가 열린 거야.

세계 무역 기구 회원국 간의 무역을 관리·감독하는 기구를 말해. 대다수의 나라가 회원국인데, 회원국 간의 무역 장벽을 줄이거나 없애는 것을 강조하고 있지.

세계화는 세계인이 꿈꾸는 장밋빛 미래와 거리가 멀었어. 많은 자본과 뛰어난 기술을 가진 나라가 큰소리치는 세상이 되었거든. 자원과 노동력이 풍부한 브라질, 러시아, 인도, 중국 등이 힘을 내고 있지만, 혼자만의 노력으로 앞서가는 나라를 따라잡기는 쉽지 않을 거야.

경제 경쟁이 심해지자, 눈에 띄는 움직임이 나타났어.

"이웃 나라들과 경제적인 힘을 모아야겠어."

일찍부터 경제 협력을 해 온 유럽을 본보기로 '지역 경제 협력체'가 만들어진 거야. 유럽 연합, 동남아시아 국가 연합, 우리나라가 속한 아시아·태평양 경제 협력체, 북미 자유 무역 협정 등이 그것이야.

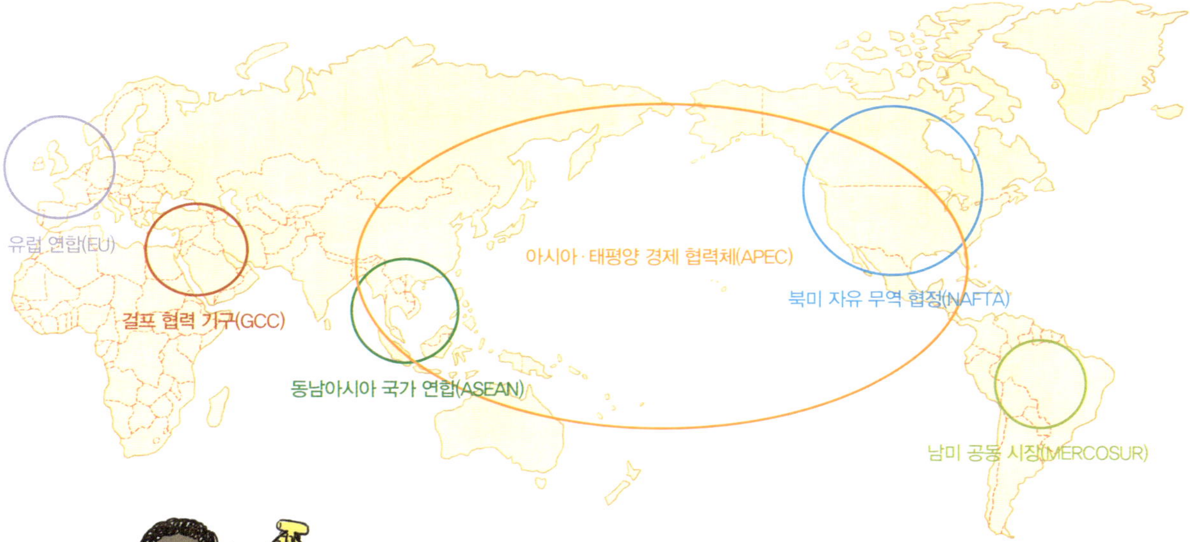

지역 경제 협력체의 확산 세계의 각 지역은 치열한 경쟁에서 살아남기 위해 이웃 나라와 경제 협력을 하고 있어. 특히, 1993년에 탄생한 '유럽 연합(EU)'은 공동 국기, 화폐, 의회 등을 만들어 협력하면서 정치적 통합까지 꿈꾸고 있단다. 현재 27개 나라가 가입해 있어.

과학과 컴퓨터의 발달이
새로운 세상을 만들다

　20세기 '과학'은 눈부시게 발달했어. 1957년, 소련은 세계 최초로 스푸트니크호라는 인공위성을 쏘아 올렸고, 1961년에는 우주인을 탄생시켰어. 1969년에는 미국의 닐 암스트롱이 달에 발을 디디고, 교신을 전했지.
　"내 발걸음은 작지만, 전 인류를 위한 하나의 위대한 도약이다."
　인간은 우주에 더 가까워졌어. 우주 정거장 건설, 화성 탐사 등 소설 속 이야기가 실제로 이루어지고 있지. 최근에는 통신, 기후 등 여러 용도의 위성을 쏘는 우주 산업이 떠오르고 있어.
　"우주선을 타고, 우주여행을 가 볼까?"
　사람들의 오랜 꿈 역시 현실이 되었지. 자율 주행 자동차, 드론, 인공 지능 등도 새로운 변화야.

미국과 소련의 우주 개발 경쟁 1957년 소련이 세계 최초로 발사에 성공한 인공위성 스푸트니크호(왼쪽)와 1969년에 최초로 달 착륙에 성공한 미국의 유인 우주선 아폴로 11호의 달 착륙 장면(오른쪽)이야.

의학과 유전 공학에서도 눈부신 변화가 나타났어. 바이러스, DNA의 구조, 페니실린 등의 연구는 인간의 수명을 크게 늘려 주었지. 1996년 영국은 복제 양을 만들었어. 최초의 포유류 복제로, 사람들의 관심이 집중되었지.

"이 기술이 난치병 해결에 도움이 될 거야."

반대 여론도 많지만, 최근에는 인간 복제 이야기까지 나오고 있단다.

20세기 최고의 발명품은 '컴퓨터'일 거야. 산업, 의학, 통신 등에 이용되면서 일상생활이 더 없이 편해졌지. 1990년 이후 인터넷 사용이 늘어 정보화 세상이 열렸어. 최근에는 인터넷이 가능한 휴대 전화로 통화는 물론 사진, 음악, 은행 거래, 게임 등을 할 수 있게 되었지.

유럽 연합, 민족 국가를 넘어선 새로운 희망을 열다

유럽 연합의 출발점은 1952년 프랑스, 독일 등 6개 나라가 만든 '유럽 석탄 철강 공동체'야. 무기 원료 철강과 에너지원 석탄을 공동으로 관리해 전쟁을 막으려고 했던 거지. 작은 국내 시장의 한계를 극복하려는 경제적 목적도 컸단다. 이들의 노력은 점차 힘을 얻어 유럽 경제 공동체, 유럽 공동체로 확대되었어. 협력 분야 확대와 함께 회원국 수도 늘어났지.

1991년, 유럽 여러 나라 정상들이 네덜란드에 모여 유럽 연합 조약에 서명했어. "국가 간 경계 허물기, 사회 경제적 단합 강화, 하나의 화폐 사용 등을 통해 지속

유럽 연합 유럽 연합은 2017년 기준 27개국이 가입해 있어. 유로화 사용 등 경제 협력을 넘어 정치 통합을 위해 노력하고 있단다. 사진은 유럽 중앙 은행과 유로화야.

적인 발전을 도모한다. …… 적절한 시기에 군사와 외교 및 안보 분야도 공동보조를 취하도록 노력한다."

　유럽 여러 나라가 하나임을 선언한 거야.

　여러 가지 어려움 속에서도 유로화라는 통합 화폐를 쓰고 있고, 공동 의회라는 결실을 맺었어. 앞으로 전쟁 없는 유럽은 물론, 경제적으로도 미국, 중국 등과 세계 최고의 자리를 놓고 경쟁하게 될 거라는 예상이 많아.

　하지만 공동 군사력 부재, 추가 회원국 선정 갈등, 난민 수용 입장 차이, 다양한 언어, 강대국의 지나친 입김 등 아직 해결해야 할 과제도 많단다. 그중 가장 큰 갈등은 경제적인 거야.

　"왜 우리가 경제적으로 어려운 회원국을 위해 주머니를 열어야 하지?"

　2016년 영국이 국민 투표를 거쳐 유럽 연합을 탈퇴한 것도 이와 관련이 깊어. 하지만 민족 국가를 넘어 지역의 평화와 공동 번영이라는 새로운 도전이니, 전 세계가 관심을 갖는 건 당연하겠지. 과연 유럽 연합의 미래는 어떻게 될까?

출발! 세계 속으로

독일의 베를린에서 통일 현장을 돌아보다

"여기는 베를린! 1781년 독일의 수도로 정해졌단다. 물론 그 전에도 잘나가는 도시였으니, 볼거리가 엄청 많겠지."

"뭐가 유명한데요?"

"우뚝 솟은 전쟁 승리 기념탑, 상점과 극장이 몰려 있는 포츠담 광장, 통일을 기념해 세워진 카이저 빌헬름 교회, 너희가 좋아하는 미술관, 박물관 등등."

"언제 그걸 다 돌아봐요?"

"천천히! 오늘은 '통일'과 관련된 곳을 갈 거야."

"베를린은 수도가 된 뒤에 더욱 커졌는데, 2차 세계 대전 때 연합국의 폭격으로 큰 피해를 입었어. 전쟁이 끝난 뒤에는 미국, 영국, 프랑스, 소련군이 들어왔지."

브란덴부르크문 통일 후 자유의 상징이 되었으나, 그 전에는 분단의 상징이었어. 문 앞 광장에서는 음악가와 춤을 추는 젊은이들을 쉽게 볼 수 있는데, 이런 풍경도 최근에 나타난 거야.

여긴 뭐가 유명하죠?

이들 나라의 관계가 나빠지자, 1949년에 독일이 동독과 서독으로 나누어졌고, 1961년에는 베를린을 동·서로 가르는 벽을 만들기 시작했단다."

"자, 여기가 '브란덴부르크문'이야. 이 문을 통해 저쪽으로 들어가 보고, 반대쪽에서 이리로 넘어와 보렴."

"그냥 큰 문이지, 특별한 게 없는데요?"

"그래, 그렇게 보일 수도 있겠지. 그런데 1990년 독일 통일 이전에는 이 문으로 자유롭게 드나들 수 없었어. 문 옆으로는 베를린 장벽이 둘러쳐져 있었거든."

우리의 소원은 통일.

베를린 장벽과 기념 공원 베를린 장벽, 박물관, 화해의 교회 등이 있는 곳이야. 곳곳에서 분단의 고통을 담은 사진과 여러 가슴 아픈 이야기들을 만날 수 있단다.

"그때 모습이 어땠을지 궁금해요!"

"다행히도 장벽을 볼 수 있는 곳이 몇 군데 있단다. '베를린 장벽과 기념 공원'이 대표적이야. 동독 군인들이 서독으로 탈출하는 동독 사람들을 총으로 마구 쏴 죽인 곳이지."

"가슴 아픈 일이 일어난 곳이네요."

"이젠 통일이 되었으니, 분단의 아픔과 함께 통일의 기쁨도 느낄 수 있는 장소가 되었지. 우리 민족도 하루 빨리 통일을 이루어 헤어진 가족들을 만나고, 자유롭게 오가는 세상을 만들면 좋겠구나. 딸들은 어떤 생각을 하고 있니?"

한 걸음 더!

우리는 이런 세상을 꿈꾼다

세계 여러 나라에 민주주의가 발전하고, 엄청나게 많은 상품이 만들어지고 있어. 가난한 사람이나 아픈 사람 등 사회적 약자를 위한 복지 제도가 마련되었고, 유색 인종과 여성에 대한 차별도 줄었지. 무엇보다 대중이 나라의 주인공이라는 생각이 뿌리를 내렸어. 하지만 우리가 꿈꾸는 세상을 이루기 위해서는 아직 가야 할 길이 멀어.

'전쟁 없는 평화로운 세계'를 만드는 게 무엇보다 중요한 일일 거야. 전쟁은 종교나 문화 충돌로 일어나는 것처럼 보이지만, 경제적 이익이 걸려 있는 경우가 많아. 무기 회사와 무기 수출국이 벌어들이는 돈은 상상을 뛰어넘지. 군사 비용과 무기를 줄이려는 노력이 이어지고 있으나, 좀 더 특별한 조치가 필요해.

지구 온난화와 시리아 내전
전쟁 없는 세상과 환경 보존은 세계인이 함께 풀어야 할 가장 큰 숙제야.

'가난과 굶주림'도 꼭 풀어야 할 숙제야. 세계 인구의 20퍼센트가 겨우 1달러로 하루를 살아가는데, 이런 사람이 더욱 많아지고 있어. 부자 나라 사람들만 풍요롭게 사는 것에 대한 비판이 늘어나고 있지. 부자에게 세금을 더 많이 거두어 가난한 국민들을 돕고 있지만, 이런 제도를 반대하는 사람들도 있단다. 함께 살아가기 위해서는 아래 주장을 가슴에 새겨야 할 거야.

　"가난과 굶주림은 빵이 작아서가 아니라, 빵을 나누어 먹지 않아서 생긴다."

　'자연과 조화롭게 사는 길'도 포기할 수 없어. 더 편한 삶을 위한 선택이 환경을 오염시키거나, 파괴하는 경우도 있단다. 가장 많은 산소를 만들어 내는 아마존 밀림이 무분별한 개발로 점점 줄고 있고, 지구 온난화로 삶의 터전이 바다에 가라앉을 위기에 처한 곳도 있어. 핵무기 사용과 원자력 발전소 사고도 환경의 중요성을 일깨워 주고 있지.

　세계가 협력하여 우리 앞에 놓여 있는 이런 문제를 슬기롭게 잘 풀어 나간다면 너희가 살아가야 할 미래는 좀 더 밝을 거야.

연표

유럽·아메리카

B.C

850년경	그리스, 폴리스 형성
776년	올림피아 제전 시작
753년	로마 건국
500년경	아테네, 도편 추방제 실시
510년경	로마 공화정 수립
492년	그리스·페르시아 전쟁 시작(~기원전 479년)
431년	펠로폰네소스 전쟁 시작(~기원전 404년)
338년	마케도니아, 그리스 정복
330년	알렉산드로스, 페르시아 정복
264년	포에니 전쟁(~기원전 146년)
27년	옥타비아누스, 황제 즉위
4년	예수 탄생

A.D

313년	크리스트교 인정
375년	게르만족 대이동
395년	로마 제국, 동로마와 서로마로 나뉨
476년	서로마 제국 멸망
481년경	프랑크 왕국 건설
800년	교황, 샤를마뉴를 서로마 제국 황제로 인정
900년 전후	노르만족 대이동
1054년	크리스트교, 동·서 교회로 분리
1075년	교황, 성직 임명권 주장
1077년	카노사의 굴욕
1088년	최초의 대학, 볼로냐 대학 설립
1096년	십자군 전쟁(~1270년)
1265년	단테 탄생
1309년	아비뇽 유수(~1377년)
1313년경	보카치오 탄생
1337년	영국과 프랑스, 백년 전쟁(~1453년)
1347년	흑사병 유행(~1351년)
1452년	레오나르도 다빈치 탄생
1453년	비잔티움 제국, 오스만 제국에게 멸망
1455년	영국, 장미 전쟁(~1485년)
1466년	에라스뮈스 탄생

우리나라

B.C

1만 년 전	농경과 목축 시작
70만 년 전	구석기 시대
8000년경	신석기 시대
3000년경	청동기 시대
2333년	고조선 건국
500년경	철기 문화 보급
194년	위만 조선 성립
108년	고조선 멸망
57년	신라 건국
37년	고구려 건국
18년	백제 건국

A.D

313년	고구려, 낙랑군 몰아냄
372년	고구려, 전진에서 불교 전래
	국립 대학인 태학 설치
384년	백제, 동진에서 불교 전래
427년	고구려, 평양으로 수도 옮김
494년	부여, 고구려에 복속
503년	신라, 국호와 왕호 정함
527년	신라, 불교 공인
538년	백제, 사비로 수도 옮김
612년	고구려, 살수대첩
645년	고구려, 안시성에서 당군에 승리
660년	백제 멸망
668년	고구려 멸망
676년	신라, 당군 몰아내고 삼국 통일
685년	신라, 9주 5소경 설치
698년	옛 고구려 땅에 발해 건국
828년	장보고, 청해진 설치
900년	견훤, 후백제 건국
901년	궁예, 후고구려 건국
918년	왕건, 고려 건국
926년	발해 멸망
935년	신라 멸망

중국·일본

B.C
170만 년	윈난성에서 위안머우인 등장
50만 년	베이징인 등장
1만 년경	조몬 시대 시작
5000년경	반포에 신석기 마을 형성
1600년경	상나라 건국
1046년	상나라 멸망, 주나라 성립
770년	주나라 동쪽으로 피난
	춘추 시대 시작
403년	전국 시대 시작
3세기경	야오이 시대 시작
221년	진나라 중국 통일
202년	한나라 건국
139년	장건, 서역 파견

A.D
25년	후한 건국
184년	황건적의 봉기
220년	후한 멸망
	위·촉·오 삼국 시대 시작
3세기경	야마타이국 수립
316년	5호 16국 시대 시작
4~6세기경	야마토 정권 수립
439년	북위, 화북 통일
	남북조 시대 시작
589년	수나라 중국 통일
593년	쇼토쿠 태자의 통치
618년	당나라 건국
645년	다이카 개신
673년	덴무 덴노 즉위
710년	헤이조쿄로 수도 옮김(나라 시대)
752년	도다이지 다이부츠 완성
755년	안록산의 난
794년	헤이안쿄로 수도 옮김(헤이안 시대)

인도·동남아시아

B.C
2500년경	인더스 문명 발생
1500년경	아리아인, 인더스강 유역 이동
800년경	브라만교, 카스트 제도 성립
690년경	반랑국 건국
527년	불교 탄생
327년	알렉산드로스, 인더스강 침입
321년	마우리아 왕조 성립
207년	남비엣 건국
185년	마우리아 제국 몰락
111년	한 무제, 남비엣 정복

A.D
40~43년	쯩 자매 저항 운동
1~2세기경	최초의 국가, 푸난 성립
100년	쿠샨 제국 카니슈카 왕 즉위
250년경	쿠샨 제국 몰락
320년경	굽타 제국 성립
415년경	흉노족 북서부 침입
679년	당나라, 북베트남 정복
7세기경	스리위자야 왕조 성립
802년	캄보디아 앙코르 왕조 성립
871년	촐라 왕국 부흥
1009년	리 왕조 성립
1044년	미얀마, 파간 왕조 성립
1206년	아이바크, 델리 술탄 왕조 건립
1225년	쩐 왕조 성립
13세기	타이, 수코타이 왕조 성립
14세기경	타이, 아유타야 왕조 성립
	스리위자야 왕조 멸망
1400년경	믈라카 왕국 성립
1407년	명나라, 베트남 지배(~1427년)
1428년	레 왕조 성립
1431년	앙코르 왕조 멸망
1471년	참파 왕국 멸망
16세기	미얀마, 퉁구 왕조 성립

서아시아·아프리카

B.C
4000년경	메소포타미아 문명 시작
3500년경	이집트 문명 시작
3100년경	메소포타미아에서 청동기 시대 시작
3000년경	상·하이집트 통일
2500년경	이집트에서 최초의 피라미드 건설
2330년경	사르곤 왕, 아카드 왕국 세움
1800년	함무라비 왕, 메소포타미아 통일
800년경	반투 민족, 아프리카에 퍼져 나감
700년경	스키타이 등장
671년	아시리아, 메소포타미아와 이집트 통일
559년	아케메네스 페르시아 건국
525년	페르시아, 이집트 정복
330년	페르시아 멸망
200년	흉노, 한나라 유방의 군대를 물리침
40년경	흉노, 동·서로 갈라짐

A.D
226년	사산 페르시아 건국
325년	악숨 왕국, 크리스트교를 공식 종교로 선포
375년	훈족, 게르만족 공격
400년경	가나 왕국 출현
552년	돌궐(튀르크) 건국
570년경	무함마드, 메카에서 태어남
610년경	이슬람교 탄생
622년	무함마드와 제자들, 메디나로 탈출(헤지라)
630년	(동)돌궐, 당나라에게 멸망
632년	무함마드 사망
651년	사산페르시아 멸망
661년	우마이야 왕조 시작
711년	이슬람 군대, 에스파냐 정복
750년	아바스 왕조 시작
751년	탈라스 전투
909년	이집트, 파티마 왕조 시작

유럽·아메리카		우리나라	
1475년	미켈란젤로 탄생	936년	고려, 후삼국 통일
1478년	토머스 모어 탄생	958년	과거제 실시
1479년	에스파냐 왕국 탄생	993년	요의 1차 침입, 고려의 강동 6주 획득
1483년	라파엘로 탄생	1019년	귀주 대첩
1492년	콜럼버스, 아메리카 대륙 도착	1033년	천리장성 축조
1498년	바스쿠 다 가마, 인도의 캘리컷 도착	1107년	윤관, 여진 정벌
1517년	루터, 95개 조 반박문 발표	1126년	이자겸의 난
1519년	마젤란, 세계 일주 항해 시작	1135년	묘청의 서경 천도 운동
1521년	에스파냐, 아스테카 제국 정복	1170년	무신정변
1522년	마젤란의 선원, 세계 일주 항해 성공	1198년	만적의 난
1533년	에스파냐, 잉카 제국 정복	1231년	몽골의 1차 침입
1534년	헨리 8세, 영국 국교회 수립	1232년	강화도로 수도를 옮김
1562년	프랑스, 위그노 전쟁(~1598년)	1270년	개경으로 환도, 삼별초의 대몽 항쟁
1568년	네덜란드 독립 전쟁(~1648년)	1376년	최영, 왜구 토벌
1588년	에스파냐, 영국 함대에게 패배	1388년	이성계, 위화도 회군
1618년	독일, 30년 전쟁(~1648년)	1389년	박위, 쓰시마섬 정벌
1642년	영국, 청교도 혁명(~1649년)	1392년	고려 멸망, 조선 건국
1643년	프랑스, 루이 14세 즉위	1394년	조선, 한양 천도
1688년	영국, 명예 혁명	1402년	호패법 실시, 무과 설치
1703년	러시아 표트르 대제, 상트페테르부르크 점령	1446년	훈민정음 반포
1733년	존 케이, 천 짜는 기계 발명	1510년	3포 왜란
1740년	오스트리아, 마리아 테레지아 즉위	1592년	임진왜란, 한산대첩
1747년	프로이센 프리드리히 2세, 상수시 궁전 건설	1608년	경기도에 대동법 실시
1764년	하그리브스, 실 뽑는 기계 발명	1609년	일본과 기유약조 체결
1769년	와트, 증기 기관 발명	1623년	인조반정
1773년	미국, 보스턴 차 사건	1624년	이괄의 난
1775년	미국 독립 전쟁(~1783년)	1627년	정묘호란
1776년	미국, 〈독립 선언서〉 발표	1636년	병자호란
1789년	미국 연방 공화국 탄생, 조지 워싱턴 초대 대통령 취임	1678년	상평통보 주조
1789년	프랑스, 바스티유 감옥 습격, 〈인권 선언〉 채택	1696년	안용복, 독도에서 일본인들을 쫓아냄
1792년	유럽 여러 나라, 프랑스와 전쟁 시작	1708년	대동법, 전국적으로 확대 실시
1793년	프랑스, 루이 16세 처형	1725년	탕평책 실시
1804년	나폴레옹 황제 즉위, 《나폴레옹 법전》 편찬	1750년	균역법 실시
1804년	아이티, 공화국으로 독립	1811년	홍경래의 난
1805년	프랑스 해군, 영국에게 패배	1860년	최제우, 동학 창시
1807년	풀턴, 증기선 발명	1866년	병인박해, 병인양요
1811년	베네수엘라 독립	1871년	신미양요
1812년	나폴레옹, 러시아 원정 실패	1876년	강화도 조약 체결
1814년	나폴레옹, 엘바섬으로 쫓겨남	1882년	임오군란, 미국·영국·독일 등과 통상 조약 체결
1818년	칠레 독립		
1819년	콜롬비아 독립	1884년	우정국 설치, 갑신정변

중국·일본

894년	견당사 마지막 파견
907년	당 멸망, 5대 10국 시대 시작
916년	거란국(요나라) 건국
960년	송나라 건국
1115년	금나라 건국
1127년	북송 멸망, 남송 성립
1192년	가마쿠라 바쿠후 성립
1206년	칭기즈 칸, 몽골 제국 수립
1271년	쿠빌라이, 원나라 건국
1274년	고려·원 연합군의 1차 침입
1279년	남송 멸망, 원나라 중국 통일
1333년	가마쿠라 바쿠후 멸망
1336년	무로마치 바쿠후 수립 남북조 분열
1368년	명나라 건국
1392년	남북조 통일
1405년	정화의 원정 시작
1429년	중국, 베이징으로 수도 옮김
1467년	오닌의 난
1573년	무로마치 바쿠후 멸망
1590년	도요토미 히데요시, 전국 통일
1592년	임진왜란 시작
1603년	도쿠가와 이에야스, 에도 바쿠후 수립
1616년	후금 건국
1635년	산킨고타이 제도 확립
1644년	명나라 멸망, 청나라의 중국 지배
1688년	겐로쿠 문화 전성기(~1703년)
1757년	청나라 신장 위구르로 영토 확장
1787년	간세이 개혁
1811년	마지막 조선통신사 일본에 옴
1840년	아편 전쟁
1854년	일미 화친 조약 맺고 문호 개방
1860년	영·프 연합군 베이징 점령 양무운동 시작
1868년	메이지 정부 수립
1889년	대일본제국헌법 제정
1894년	청일 전쟁
1898년	변법자강 운동 시작
1899년	의화단 운동
1904년	러일 전쟁

인도·동남아시아

1526년	바부르, 무굴 제국 건설
1556년	아크바르 즉위
1565년	필리핀, 에스파냐의 식민지가 됨
1600년	인도 동인도 회사 설립
1605년	자한기르 즉위
1627년	샤자한 즉위
1658년	아우랑제브 즉위
18세기	타이, 짜끄리 왕조 성립
1757년	플라시 전투
1802년	응우옌 왕조 건국
1804년	국호를 베트남으로 정함
1857년	세포이 항쟁
1858년	무굴 제국 멸망 프랑스 베트남 지배
1863년	캄보디아, 프랑스의 식민지가 됨
1877년	영국령 인도 제국 수립
1885년	인도 국민 회의 창립
1887년	프랑스령 인도차이나 연방 성립
1893년	라오스, 프랑스의 식민지가 됨
1898년	필리핀, 에스파냐로부터 독립
1901년	필리핀, 미국의 식민지가 됨
1905년	벵골 분할 반대 운동 인도 자치 운동
1906년	무슬림 연맹 창립
1914년	1차 세계 대전이 일어남
1919년	간디, 불복종 운동 전개
1939년	2차 세계 대전이 일어남
1940년	일본, 베트남 점령
1942년	일본, 필리핀 마닐라 점령
1943년	필리핀 제2공화국 탄생
1945년	캄보디아, 라오스 독립
1946년	베트남, 프랑스 전쟁(1차 인도차이나 전쟁)
1947년	인도와 파키스탄, 각각 임시 정부 수립
1948년	마하트마 간디 사망 스리랑카 분리 독립 미얀마 독립
1951년	인도 연방 공화국 건국 네루 총리 취임
1951년	인도, 경제 개발 5개년 계획 실시

서아시아·아프리카

1037년	셀주크 튀르크 왕조 일어남
1071년	셀주크 튀르크, 동로마 제국 격파
1099년	1차 십자군, 예루살렘 함락
1169년	이집트, 아이유브 왕조 건국
1200년경	말리 왕국 발전
1200~1300년경	그레이트 짐바브웨 출현
1206년	테무친, 칭기즈 칸이 됨
1227년	칭기즈 칸 사망
1279년	몽골, 중국(송)을 완전 정복
1299년	오스만 튀르크 건국
1368년	원나라, 명나라에게 패하여 몽골 초원으로 쫓겨 감
1395년	티무르 제국, 서아시아 통일
1402년	티무르 제국, 오스만 튀르크 군대 격파
1445년	포르투갈, 서아프리카 황금 해안에 요새를 건설
1453년	오스만 튀르크가 콘스탄티노플 정복 비잔티움 제국 멸망
1501년	이란, 사파비 왕조 건국
1510년	아프리카 흑인 노예, 처음으로 아메리카에 도착
1541년	오스만 튀르크, 헝가리 정복
1546년	송가이, 말리 멸망시킴
1571년	레판토 해전 포르투갈, 앙골라에 식민지 건설
1652년	네덜란드, 희망봉에 정착
1818년	샤카, 줄루 왕국 건설
1826년	예니체리 폐지
1830년	그리스, 오스만 튀르크에서 독립
1839년	탄지마트 시작
1879년	줄루 전쟁
1880년	1차 보어 전쟁
1896년	에티오피아의 황제 메넬리크 2세, 이탈리아를 물리침
1898년	파쇼다 사건
1899년	2차 보어 전쟁 시작
1908년	청년 튀르크당 혁명
1914년	1차 세계 대전. 오스만 튀르크가 독일 편에서 참가하여 패배(~1917년)
1920년	무스타파 케말, 앙카라에서 대국민 의회 개최

유럽·아메리카		우리나라	
1822년	에콰도르 독립	1895년	을미사변
1823년	미국, 〈먼로 선언〉 발표	1897년	대한 제국 성립
1830년	스티븐슨, 증기 기차 운행	1905년	을사조약
1837년	모스, 전보 발명	1910년	국권 피탈
1848년	마르크스, 《공산당 선언》 발표	1919년	3·1 운동, 대한민국 임시 정부 수립
1860년	링컨, 대통령 당선	1926년	6·10 만세운동
1861년	남북 전쟁(~1865년)	1929년	광주 학생 항일 운동
1863년	게티즈버그 전투, 링컨 노예 해방 선언	1940년	한국광복군 창설
1869년	대륙 횡단 철도 완성	1945년	8·15 광복
1876년	벨, 전화기 특허 받음	1948년	5·10 총선거, 대한민국 정부 수립
1914년	1차 세계 대전(~1918년)		북한, 조선민주주의 인민공화국 수립
1917년	러시아 혁명	1950년	한국 전쟁 발발
	미국, 1차 세계 대전 참가	1960년	4·19 혁명
1918년	독일, 연합국에 항복	1972년	7·4 남북공동성명, 10월 계엄령 선포
1919년	파리 강화 회의	1980년	5·18 광주 민주화 운동
1920년	국제 연맹 창설	1987년	6월 항쟁, 6·29 선언, 대통령 직선제
1922년	소련(소비에트 사회주의 공화국 연방) 탄생		실시
1929년	경제 대공황	1988년	서울올림픽 개최
1939년	2차 세계 대전(~1945년)	1991년	남·북한, 국제 연합 동시 가입
1945년	국제 연합(UN) 탄생	1992년	한·중 수교, 베트남과 수교
1949년	독일 분단	1993년	김영삼 정부 수립, 금융실명제 실시
1959년	쿠바, 사회주의 정부 수립	1998년	김대중 정부 출범
1968년	소련, 체코슬로바키아 민주화 운동 진압	2000년	6·15 남북공동선언
1989년	미국과 소련, 냉전 종결 선언		김대중, 노벨평화상 수상
1990년	독일 통일	2002년	한·일 월드컵 개최
1992년	소련 해체, 독립 국가 연합(CIS) 결성	2003년	노무현 정부 출범
1993년	유럽 연합(EU) 탄생	2005년	아시아·태평양 경제협력체 정상
1995년	세계 무역 기구(WTO) 결성		회의 개최
2001년	미국, 뉴욕 세계 무역 센터 피폭	2007년	2차 남북 정상 회담
		2008년	이명박 정부 출범
		2013년	박근혜 정부 출범
		2017년	문재인 정부 출범

중국·일본

1910년	일본, 대한 제국 병합
1911년	신해혁명
1912년	중화민국 수립
1919년	5·4 운동, 베르사유 조약 체결
1921년	중국 공산당 창립
1923년	간토 대지진
1924년	1차 국공 합작
1928년	중국, 북벌 완수
1931년	만주 사변, 일본의 만주 침략
1933년	일본, 국제연맹 탈퇴
1934년	중국 공산당 대장정 완료
1937년	중일 전쟁 시작, 2차 국공 합작 난징 대학살
1941년	태평양 전쟁 시작
1945년	히로시마와 나가사키에 원자폭탄 투하, 일본 패전
1946년	일본국헌법(평화헌법) 공포
1947년	중국, 국공 내전
1949년	중화인민공화국 수립
1955년	일본, 자유민주당(자민당) 결성
1958년	중국, 대약진 운동 시작
1964년	도쿄 올림픽 개최
1966년	중국, 문화 대혁명 시작
1971년	중국, 유엔 가입
1972년	중·일 국교 수립
1978년	중국, 개혁 개방 정책 본격화
1989년	톈안먼 사태
1992년	일본, 거품 경제 붕괴
1993년	일본, 자민당 최초 정권 상실
1997년	홍콩 반환
2008년	베이징 올림픽 개최
2011년	도호쿠 대지진, 후쿠시마 원전 참사

인도·동남아시아

1951년	경제 개발 5개년 계획 실시
1954년	프랑스를 몰아냄
1956년	인도네시아 독립
1964년	네루 사망
1965년	베트남 전쟁(2차 인도차이나 전쟁)이 일어남
1965년	싱가포르, 말레이시아에서 독립
1966년	인디라 간디 총리 취임
1967년	아세안(ASEAN) 설립
1973년	베트남, 미군 철수
1975년	북베트남군의 사이공 점령
1976년	1회 아세안 정상회담 개최
1978년	베트남, 캄보디아 침공
1984년	자유화, 개방화 경제 정책 실시
1986년	도이 머이 정책 실시
1988년	미얀마 민중 항쟁
2014년	타이 쿠데타

서아시아·아프리카

1923년	로잔 조약으로 튀르키예 탄생 케말 아타튀르크가 대통령이 됨
1925년	이란, 카자르 왕조가 멸망 팔레비 왕조 시작
1932년	사우디아라비아 수립 이라크 왕국 독립
1948년	이스라엘 건국, 1차 중동 전쟁
1956년	수에즈 위기, 2차 중동 전쟁
1960년	아프리카 17나라 독립
1964년	팔레스타인 해방 기구(PLO) 조직
1973년	4차 중동 전쟁, 1차 석유 파동
1979년	이란 혁명, 소련이 아프가니스탄 침공
1980년	이란·이라크 전쟁(~1988년)
1990년	이라크, 쿠웨이트 침공
1991년	걸프 전쟁, 소련 붕괴
1994년	넬슨 만델라, 남아프리카 공화국 최초의 흑인 대통령에 당선 르완다 내전
2001년	9·11 테러 발생 미국이 아프가니스탄 침공
2003년	미국과 다국적군, 이라크 침공
2011년	아랍의 봄, 북아프리카 국가에 민주주의 시위

찾아보기

ㄱ
가리발디 181
갈릴레이 93
게르만족 44
계몽사상 134
고딕 양식 65
고르바초프 230, 231
공화정 32
구교 103, 110
국제 연맹 201
국제 연합 218

ㄴ
나세르 220
나폴레옹 176, 177
남북 전쟁 162
냉전 219
네루 220
노르만족 48, 49
노르망디 상륙 작전 217
농노 61, 76
뉴딜 정책 214
뉴턴 133

ㄷ
단테 88
대공황 213, 214
도편추방제 18
독립 국가 연합 231
독립 선언서 159, 164
독일 통일 239

ㄹ
라파엘로 89, 97
레닌 203, 206, 207
레오나르도 다빈치 89, 96
로마 가톨릭교회 54, 103
로마 제국 34, 38
로마법 33, 50
로베스피에르 175
로크 134
루소 134
루스벨트 214
루이 14세 128, 136
루이 16세 175
루터 100, 101
르네상스 86, 87, 90
링컨 162, 163

ㅁ
마르크스 149, 206
마리아 테레지아 131
마젤란 117, 125
마케도니아 21
만유인력의 법칙 133
먼로 선언 191
멕시코 192, 193
면벌부 100, 103
명예 혁명 138
몽테스키외 135
무솔리니 215, 217
미켈란젤로 89, 97
민족 자결주의 200

ㅂ
바닷길 114, 116
바스쿠 다 가마 117
백년 전쟁 78
베르사유 조약 200
베를린 장벽 239
보카치오 89
볼리바르 188, 189
볼테르 134
봉건 제도 61
부르주아 74
북미 자유 무역 협정 233
브라질 194, 195
비스마르크 179
비잔티움 제국 50, 51, 52

ㅅ
사회 계약설 134
산마르틴 188, 189
산업 혁명 148, 152
30년 전쟁 107
3월 혁명 202
살라미스 해전 17
상트페테르부르크 206, 207
샤를마뉴 황제 47
성 소피아 성당 53
소비에트 202
소크라테스 26
스탈린 205
스파르타 20, 24
신교 103, 110
신항로 120, 121
11월 혁명 203
십자군 원정 72, 73

248

ㅇ

아리스토텔레스 27
아비뇽 80
아스테카 118, 119, 192
아시아 태평양 경제 협력체 233
아우슈비츠 224
아이티 186
아크로폴리스 22
아테네 18
알렉산드로스 21
애덤 스미스 135
에라스뮈스 90
에스파냐 79, 116
엔히크 115
엘리자베스 1세 129
영국 국교회 104
옐친 231
옥타비아누스 32
와트 타일러 77
왕권신수설 128
위그노 전쟁 107
윌슨 200
유럽 연합 233, 236
유스티니아누스 황제 50, 51
이스탄불 52
2월 혁명 180
2차 세계 대전 216, 217, 224
인권 선언 172, 173
1차 세계 대전 198, 199
잉카 제국 122

ㅈ

자크리의 난 77
잔 다르크 78, 82, 83
장미 전쟁 79
장원 60, 76
전체주의 216, 225
제임스 와트 145

ㅊ

차티스트 운동 180
청교도 105
청교도 혁명 138
체 게바라 220, 221
체코슬로바키아 219
7월 혁명 180

ㅋ

카노사의 굴욕 63
카르타고 30, 31
카스트로 220, 221
카우보르 181
칼뱅 103, 109
코민테른 204
코페르니쿠스 92
콘스탄티누스 대제 36
콜럼버스 116, 117
콜로세움 35
쿠바 224, 225
크리스트교 36, 62

ㅌ

토머스 모어 91
투생 186, 187
티토 220

ㅍ

파르테논 신전 14, 22
페리클레스 18
펠로폰네소스 전쟁 20
펠리페 2세 129
포로 로마노 40
포르투갈 115
포에니 전쟁 31
폴리스 14, 15, 16
표트르 대제 130, 131
프랑크 왕국 46, 47
프로테스탄트 103
프리드리히 2세 131
플라톤 27

ㅎ

헨리 8세 104, 105
헬레니즘 문화 21
홉스 134
흑사병 76, 78
히틀러 215, 217

1판 1쇄 발행일 2018년 1월 29일
1판 10쇄 발행일 2024년 11월 11일

지은이 전국역사교사모임
그린이 송진욱

발행인 김학원
발행처 휴먼어린이
출판등록 제313-2006-000161호(2006년 7월 31일)
주소 (03991) 서울시 마포구 동교로23길 76(연남동)
전화 02-335-4422   **팩스** 02-334-3427
저자·독자 서비스 humanist@humanistbooks.com
홈페이지 www.humanistbooks.com
유튜브 youtube.com/user/humanistma   **포스트** post.naver.com/hmcv
페이스북 facebook.com/hmcv2001   **인스타그램** @human_kids

편집 박민영 김수영   **디자인** 유주현 림어소시에이션
사진 제공 연합뉴스 셔터스톡   **용지** 화인페이퍼   **인쇄** 삼조인쇄   **제본** 해피문화사

글 ⓒ 전국역사교사모임, 2018

ISBN 978-89-6591-348-1 74900
ISBN 978-89-6591-347-4 74900 (세트)

- 저작권자를 찾지 못해 게재 허락을 받지 못한 일부 사진에 대해서는 저작권자가 확인되는 대로 허락을 받고 사용료를 지불하도록 하겠습니다.
- 이 책은 저작권법에 따라 보호받는 저작물이므로 무단 전재와 무단 복제를 금합니다.
- 이 책의 전부 또는 일부를 이용하려면 반드시 저작권자와 휴먼어린이 출판사의 동의를 받아야 합니다.
- **사용 연령 8세 이상** 종이에 베이거나 긁히지 않도록 조심하세요. 책 모서리가 날카로우니 던지거나 떨어뜨리지 마세요.